北京市民语言文化阅读书系

总主编 贺宏志

余音回响
——老北京俗语民谣述闻

冯蒸 编著

北京俗语余音回响 百年民谣弥足珍贵

商务印书馆
The Commercial Press

2018年·北京

图书在版编目(CIP)数据

余音回响：老北京俗语民谣述闻/冯蒸编著.—北京：商务印书馆，2018
（北京市民语言文化阅读书系）
ISBN 978-7-100-15633-2

Ⅰ.①余… Ⅱ.①冯… Ⅲ.①北京话—俗语—研究 ②民谣—研究—北京 Ⅳ.①H172.1 ②I207.72

中国版本图书馆CIP数据核字(2017)第298946号

权利保留，侵权必究。

余音回响——老北京俗语民谣述闻

冯蒸 编著

商 务 印 书 馆 出 版
（北京王府井大街36号 邮政编码100710）
商 务 印 书 馆 发 行
北京市十月印刷有限公司印刷
ISBN 978-7-100-15633-2

2018年5月第1版　　　开本880×1230 1/32
2018年5月北京第1次印刷　印张10¾
定价：35.00元

总 序

北京是我国"八大古都"之一和当代政治、文化中心，拥有七项世界遗产，是世界上拥有文化遗产项目数最多的城市。作为一座有着三千余年建城史、八百六十余年建都史的历史文化名城，文化积淀灿烂芬芳。语言作为文化的核心内容，是非物质文化的主要载体，也是所有物质文化的解读体。在北京地域文化中，蕴含着丰富的语言文化资源。为做好北京语言类非物质文化遗产保护工作和传承独具特色的京味语言文化，同时也为北京市民开展丰富多彩的社区语言文化活动提供学习参考读本，"北京市民语言文化阅读书系"应时而生。我认为书系的策划者、组织者、编撰者做了一件很有意义的事情。

书系旨在以生动鲜活的文例，向读者普及语言文字应用规范及历史文化内涵，提供优质的语言文化精神食粮，丰富北京市民的语言文化生活；旨在提炼与北京文化相关的语言文化精华，引导读者领略京味文化的情与趣；旨在为读者提供宣传、弘扬北京语言文化的优质素材，从而使大家从语言文化视角熟悉北京、喜爱北京。

书系选材涵盖古都成语、京腔京韵、京城新语、京味美文、京华地名、北京俗语、古迹文踪、古城书法等方面，内容丰富、图文并茂、意趣盎然，体现了科学性与趣味性的统一、知识性与京味儿的统一、深挖掘与接地气的统一、小薄本与大文化的统一。我作为一名资深北京市民，得以预览书稿，颇觉先睹为快、开卷有益，每一册恰如一道北京的特色小吃，京味芳香。

"最是书香能致远"。阅读既是提升语言能力的途径，也是语言能力的表现。2014年6月，由中国政府与联合国教科文组织共同举办的世界语言大会在苏州举行，来自一百多个国家和地区的约四百位代表围绕"语言能力与人类文明和社会进步"这一主题，就语言能力与社会可持续发展、语言能力与语言教育创新、语言能力与国际交流合作等议题进行讨论，达成了"语言能力是激发文化活力，促进认知发展，推动社会进步和经济繁荣的根本因素""以科学研究带动语言教育创新，从而提升语言能力""促进人民、机构、国家之间的交流和学习是提升语言能力的重要途径，语言能力的提升也有利于促进人民、机构、国家之间的交流和文明互鉴"等一系列重要共识。语言能力是个体综合能力的基础与核心，阅读应该成为每个人的生存状态与生活方式。

推动全民阅读，是提高国民语言能力的必由之路。党的十八大报告首次将"开展全民阅读活动"纳入我国社会主义文化强国建设。去年和今年的全国"两会"，"全民阅读"连续写进《政府工作报告》。李克强总理在十二届全国人大三次会议所作《政府工作报告》中强调"倡导全民阅读，建设书香社会"。3月15日，李克强总理答记者问,谈到"全民阅读"两次写进《政府工作报告》时表示,现在我们国家民众每年的阅读量还不到有些国家人均的十分之一,希望全民阅读氛围能无处不在,这有助于发展创新力量,增加社会道德力量。

建设书香社会,是提高国民语言能力的基础工程。这一工程需要一支庞大的会阅读、爱阅读的人群加入,并充分发挥引领作用。近年来,北京市大力扶持"公共阅读空间"。2014年4月23日(世界读书日),北京三联韬奋书店开始实行24小时营业,到年底盈利增长了130%,受到社会各界关注,也逐渐成为北京一个新的文化地标。

提供更多优秀文化作品,是提高国民语言能力的重要保障。正如习近平总书记指出:"我们要通过文艺作品传递真善美,传递向上向善的价值观"。包含诗词、书法、成语等语言文化在内的中华优秀传统文化是我们取之不竭的精神源泉,其中承载着强大的道德力量。

作为一名教育学者,我认为"北京市民语

言文化阅读书系"的推出，也是对社会教育的贡献，有助于北京市民终身学习的发展和北京学习型城市的建设。书系在4月23日世界读书日首发，并启动"北京市民语言文化阅读季"，是对"倡导全民阅读，建设书香社会"主张的积极响应和贯彻落实，立意可谓高远，定位可谓精准，行动可谓扎实。诚望这一活动可持续开展，切实走进社区、走进家庭、走进学校，结出累累硕果。

商务印书馆作为我国文化传播界的重镇，精心出版"北京市民语言文化阅读书系"是一项很有眼光的举措。希望"北京市民语言文化阅读书系"不断丰富，真正成为广大市民群众爱不释手的文化读本。

是为序。

2015年3月22日

目 录

引言 / 1

第一讲　俗语概说 / 4

　　一　源远流长的俗语 / 4

　　二　老北京口中的俗语 / 8

第二讲　《金瓶梅》中的俗语 / 26

　　一　《金瓶梅》概说 / 26

　　二　《金瓶梅》与北京 / 29

　　三　《金瓶梅》中的俗语 / 36

第三讲　《红楼梦》中的俗语 / 61

　　一　《红楼梦》概说 / 61

　　二　《红楼梦》中的北京话 / 66

　　三　《红楼梦》中的俗语 / 77

第四讲　《儿女英雄传》中的俗语 / 99

　　一　《儿女英雄传》概说 / 99

　　二　《儿女英雄传》中的北京话 / 104

　　三　《儿女英雄传》中的俗语 / 117

第五讲　清末民初京味作家作品中的俗语 / 131

一　清末民初京味作家概说 / 131
　　二　损公作品《小额》中的俗语 / 133
　　三　冷佛作品《春阿氏》中的俗语 / 150
　　四　《白话聊斋》中的俗语 / 168

第六讲　老舍作品中的俗语 / 181
　　一　老舍及其作品概说 / 181
　　二　老舍作品中的北京话 / 183
　　三　老舍作品中的俗语 / 201

第七讲　歌谣概说 / 216
　　一　老北京歌谣的历史 / 216
　　二　歌谣的分类 / 221

第八讲　老北京的儿歌（童谣）/ 241
　　一　老北京的儿歌 / 241
　　二　记录老北京儿歌的书 / 279

第九讲　老北京的妈妈论儿 / 287
　　一　什么是妈妈论儿 / 287
　　二　老北京的妈妈论儿 / 288

第十讲　老北京的喜歌与其他民谣 / 299
　　一　老北京的喜歌 / 299
　　二　老北京的其他民谣 / 321

参考文献 / 330

后记 / 333

引 言

这本小书名为《余音回响——老北京俗语民谣述闻》，旨在为您介绍一些北京话中流传的俗语及民谣。

北京话，指的是住在北京城区一带的本地人所说的话。以北京城区为中心，东至通县（今通州区），西至门头沟，南至丰台，北至怀柔，说的都是北京话。北京话的形成历史虽然众说纷纭，但是至晚在元代已经形成。根据笔者2014年的研究，我们认为可以把北京话分为八期，这八期分别是：一、唐代的幽州话；二、北宋时期的北京话；三、辽金时期的北京话；四、元代的大都话；五、明代的北京话；六、清代的北京话；七、民国时期的北京话；八、当代北京话。这个分期主要是根据反映北京话语音的历史资料所做出的分期。本书正是据此分期，选择自明代至当代北京话的代表著作，挑选其中的俗语，并进行释义与分析。文本资料包括《金瓶梅》《红楼梦》《儿女英雄传》及损公和冷佛等民初作家作品、老舍的作品。

俗语是在广大人民群众口语中流传的定型的语句，具有口语性和通俗性的特点。本书所说的俗语是指广义上的俗语，即包括谚语、歇后语、惯用语、套语及所谓"习而通俗者"之语。所收俗语的标准为三字以上者（含三字条），三字以下者不收。书中所介绍的俗语都是有典可据，您可以查阅到该条俗语的释义，以及其在北京话作品中使用例句。

民谣部分包括歌谣、儿歌、妈妈论儿、喜歌等，辑录于文字及口头材料中。可以说是对北京话民谣的一个比较全面的整理和记录。举例丰富，内容饶有趣味。

北京是六朝古都，其民俗文化有着厚重的历史沉积，几百年间随着时代与政治剧烈变革，遗俗杂陈、维新革命、域外交流、民族交融各方因素不断对北京这个政治文化中心形成冲击与融合，使其呈现出特有的民俗风貌。通过对本书的阅读，您将对北京的历史风貌及民俗文化有更多的了解。

第一讲

俗语概说

一 源远流长的俗语

1.北京话和北京城

北京话,指的是住在北京城区一带的本地人所说的话。以北京城区为中心,东至通县(今通州区),西至门头沟,南至丰台,北至怀柔,说的都是北京话。北京话的形成历史虽然众说纷纭,但是至晚在元代已经形成。北京话内部构造非常简单,与周边河北省的各地方言相差明显。

推动北京话快速发展的因素有以下几点:一是移民,少数民族大量向北京移民并与汉族人相对集中;二是地理位置,区域搭接地,军事要塞，东南西北开放；三是民族交往（多民族共处）；四是经济、文化和教育文化发展较快。

北京城被称为六朝古都，但作为燕国的都城，由于历史久远，对于现在来说几乎已经无迹可寻，所以，我们研究北京城的历史，着眼点应放在中华人民共和国成立之前的五个封建王朝上。这五朝指的是辽（公元907—1125年）、金（1115—1234年）、元（1206—1368年）、明（1368—1644年）、清（1616—1911年）。当初辽时，只把北京作为陪都，北京只不过是辽代"五京"之二。公元916年，契丹族首领耶律阿保机统一了各部落，建立了契丹国，建都城在今内蒙古巴林左旗，称为"皇都"。随后登基称帝（辽太祖），改国号为"辽"。936年，石敬瑭篡位当上了后晋皇帝，随之割让北方国土幽、蓟、云、朔等十六个州（史称"燕云十六州"，《杨家将》那里面老说）送给辽国作为回报。当时割让给辽国的幽州城，在今天北京西南的广安门一带。938年，辽太宗将国都"皇都"改名为"上京临潢府"，定幽州为"南京析津府"，定辽阳（今辽宁省辽阳）为"东京辽阳府"，其后于1006年定今内蒙古宁城为"中京大定府"，后又定云州（今山西省大同）为"西京大同府"。以上就是我所说的辽国的"五京"，一个国都和四个陪都。幽州被升格为辽国的陪都后，改称为"南京析津府"，也称"燕京"。北京城的别称"燕京"的称号即始于此。

真正在这里建成中央都城的，不是始于辽而是始于金。据《金史·海陵纪》记载说燕京就是北京在当时的名称，金建都之后改称中都。当时为1153年4月21日，即正式将燕京定为首都。1113年，女真族完颜部落联合其他女真部落正式起兵反辽。1115年，完颜阿骨打创建了大金国，建都于上京会宁府（今黑龙江阿城）；1123元金军攻陷了辽国的"南京析津府"（即燕京）；1125年，金兵又俘获了辽国皇帝天祚帝，辽国正式灭亡；1126年，即靖康之耻那年（靖康元年），金兵攻陷北宋国都开封。随后金国在燕京设立了"中书枢密院"和"行尚书省"，以便就近统治新征服的北宋领土。

1149年，完颜亮即位后，为了巩固帝位和有效地统治中原，下诏迁都燕京。1153年，金正式迁都燕京。迁都后，完颜亮仿效辽国的"五京"制度，定燕京新都为"中都大兴府"，另外定四个陪都：今内蒙古宁城西南为"北京大定府"，北宋故都开封为"南京开封府"，今辽宁省辽阳为"东京辽阳府"，今山西省大同为"西京大同府"。

契丹占领燕云十六州成为北京话脱离中原汉语的促因，这是从唐宋之间五代十国时代的公元936年，也是后晋开国之年开始的。契丹、女真族、蒙古族、满族等少数民族及其建立的政权对北京话形成产生了重大影响。

2. 俗语概述

俗语是熟语之一，指约定俗成，广泛流行，且形象精练的语句。俗语在群众口语中流传，具有口语性和通俗性的特点，是通俗并广泛流行的定型的语句。俗语，也称常言，俗话。从广义来看，俗语包括谚语、歇后语、惯用语和口头上常用的成语；但不包括方言词和书面语中的成语，不包括名著中的名言警句。从狭义来看，俗语是具有自己特点的语类之一，不同于谚语、歇后语（但一些俗语介乎几者之间）。"俗语"一词古已有之。《汉书·路温舒传》："故俗语曰：'画地为狱议不入，刻木为吏期不对。'"《史记·滑稽列传》附褚少孙补写的《西门豹治邺》一文："民人俗语曰：'即不为河伯娶妇，水来漂没，溺其人民'云。"刘向《说苑·贵德》："故俗语云：'画地作狱，议不可入；刻木为吏，期不可对。'此皆疾吏之风，悲痛之辞也。"

　　本书所说的俗语是指广义上的俗语，即包括谚语、歇后语、惯用语、套语以及所谓"习而通俗者"之语。所收俗语的标准为三字以上者（含三字条），三字以下者不收。

二　老北京口中的俗语

　　北京话里俗语很多，大多有典可据。究其来源，有的源于某项民俗，有的源于少数民族，有的源于某历史人物、事件，等等。北京是辽、金、元、明数代古都。特别是满族入关后以北京为中心长达二百数十年，满族的民俗和清代的政治、军事、经济及其他各种活动在北京话中留下了大量痕迹，也形成许多与此有关的俗语。兹举几句北京俗语为例，以窥其源。

1. 与历史有关的俗语

"叫了王承恩啦"，明崇祯帝自杀前，曾奔出皇宫到大官宦家求援。最后迫不得已而自缢于煤山（后称景山）。当时跟随他的只有太监王承恩一人，王承恩随同自缢身死。由崇祯孤立无援而自杀之事留下了俗语"叫了王承恩啦"。意思是说人到了穷途末路，一筹莫展，陷入绝境，无计可施。

2. 与军事有关的俗语

"吃官饭放私骆驼"，意思是拿着工资却干私活儿，或利用办公事之机办私事。这句俗语来自清代八旗军饲养驼马的制度。由于当时的交通条件所限，清代八旗兵奉命在各地执行军事任务时，需用大量的马匹和骆驼。八旗的每一旗的每一个参领都配有官马和官骆驼，每个佐领配有官马无官骆驼。因军用马匹和骆驼数量极大，成为军中的一项大事，所以饲养工作极为重要。八旗军在关外和口外有大面积的牧场，专门饲养和放牧军用马匹和骆驼，并设有专门饲养员。到了清代后期，各项定制渐趋松弛，也有私人饲养马匹和骆驼的，委托公家的饲养员在公家牧场中代为牧养，官马骆驼数量极大，牧场甚是宽阔，极少数私人骆驼、马匹牧养期间是不会被发现的。私人想这样占公家便宜，必须买通饲养员，只要花银钱让饲养员同意，就一切万事大吉。后来人们就称这样的饲养员"吃官家饭放私骆驼"。凡利用公家的便利条件而利私者，皆可用这句话。

"少不南征，老不扫北"，这是清代八旗兵留在北京话里的一句俗语，旧时在八旗中非常流行。这句俗语中的"少"指的是年轻人；"老"指的并非老年人，而是中年人。清代军方调兵赴各地作战时，对战士年龄有所考虑，调到南方（云南、两广等地）去作战的战士，多选中年人。调到北方（内蒙古等地）去作战的战士，多选青年人，并且认为反过来不合宜。其原因是：军队领导认为南方风气开化，刚刚入伍的青年战士易受诱惑，而中年战士思想不那么简单，处世有经验，不易为外界诱惑所动，因此征南不选用青年人，反过来看，北方气候严寒，风沙飞扬，年岁稍大的人不及小青年耐得住，因此，派年轻人到北方去作战为宜。清代北京内城专住八旗大户，有清二百数十年，发生过几次大战争，零星小战斗连年不断，因此北京内城住的旗人出征频频，成为当时社会上常见长谈的事。由此而使这句话变成了北京俗语。他反映了清代旗人的军事生活。

"官马屁股"，北京话形容人胖，特别是形容人脸又胖又圆时说："成了官马屁股啦！"这句俗话来源于清代八旗养马。八旗兵各佐领皆饲养军马，俗话称之为官马。国家规定官马的"马银子"（就是每匹马所需的饲养费）由国家拨经费供给。官马吃国家供给的草料粮豆，由于供给十分充足，所以官马肥胖。马肥最突出的表现在屁股，马一肥起来，其臀部就胖成大圆球形。

清代八旗兵在北京驻军二百数十年之久，官马肥胖的大圆屁股给北京人以深刻的印象，由此而形成这句俗语。

3. 与满族民俗有关的俗语

"瘸子打围——坐着喊"，北京话说人只动嘴空喊而不动手去做，是"瘸子打围——坐着喊"。"打围"是指满族人的围猎。围猎时众人形成数层的大圈，由远及近，人与人围成由大及小的圈子。圈子形成后，先要大声呐喊，满语有个词"吓起伏兽"，指的就是这种呐喊。人形成圈，被包围在圈内的兽类因害怕而潜伏于草木丛中。人多大声喊叫，伏兽就跳跃而起，四下奔逃。这时，人手中执弓箭刀枪追打四散的兽类。然而瘸子参加围猎，只能坐在地上喊叫，不能起来追打。因此而形成这句歇后语。把只动嘴而不动手的人比作参加打围的瘸子，只管嘴里空喊，但不实际去干。

4. 与习俗、民俗有关的俗语

"奶茶铺的炕——窄长"，北京话讽刺某物过于窄长，常说"喝！这倒好！奶茶铺的炕啊！"

奶茶铺是怎么回事呢？原来满族先世本无吃奶食的习俗。后来满族将许多蒙古族人编入"八旗"，随着收编进来的蒙古族人日益增多，后又编成蒙古八旗。自此，满、蒙古二族人共同生产和生活，满族人学会了吃奶茶。满蒙旗人入关后，为应旗人生活之需，有人在街上开设奶茶铺，售卖奶和奶制品。奶茶铺店堂狭窄，只可顺窗搭一窄长的炕，宽度只容一人坐，长度则可同时列坐十数人或更多。于是奶茶铺的炕就以狭窄而长为突出的特征。由于奶茶铺的窄长炕而形成了这句老北京歇后语。北京最后一家关门的旧时奶茶铺是西城护国寺街西口内路南的"香蕣轩"，停业于1940年。

"喇嘛的帽子——黄啦"，藏传佛教之僧人通称喇嘛，这是藏语译音，是对藏传佛教僧侣的尊称，意为上师。藏传佛教中的格鲁派喇嘛着黄色衣服和暖帽。黄寺、雍和宫等均为格鲁派寺庙。尤其是在每年的阴历正月三十、二月初一，跳布扎时喇嘛的黄色衣帽颇为引人注目。而北京话又是用"黄了"形容某事没办成半途而废,于是,就构成了这句歇后语的引言和结语。

"三十晚上吃饺子——没有外人",过阴历新年,除夕三十晚上吃完团圆饭,全家人就忙着包饺子。旧时的老规矩此时不许串门、走亲戚。到了子夜新旧交替、更岁交子,全家人开始吃饺子。这时候家中是没有外人的。由此产生了这句歇后语。

"买鼻烟不闻——装着玩",买了鼻烟不闻只是搁在鼻烟壶里。"装"有放进的意思,也有假装的意思。这句俗语是表示装蒜、装傻充愣之意。鼻烟是由西洋传教士带到中国的,在老北京极为流行,并由此形成鼻烟文化。鼻烟气味芬芳,有明目提神之功效,还可以通窍、避疫、活血。鼻烟铺数前门大栅栏内的天蕙斋最为有名,社会名流有不少是那儿的常客。鼻烟壶种类繁多,用料讲究,有翡翠、玛瑙、玻璃内画等,极为精制。

"唱戏的骑马——走人","走人"表示离开,或者因气愤而离开。传统戏是有一定程式的,戏里没有真马,都是用道具马鞭代替。剧中人道:

"马来！"当兵的把马鞭送到这位手里，这位一挥马鞭："众将官，南京去者！"台上众人来回转俩圈儿。当兵的回禀："此处已是南京！"挥挥马鞭，脚下转俩圈儿就等于骑着马走出了数百、上千里地。这也体现了戏曲对北京人生活的深刻影响。

"兔儿爷掏耳朵——崴泥"，这句话是形容事儿办砸了。北京话说事儿办砸了，有时说"崴泥"了。兔儿爷是北京的一种泥塑，除了兔儿爷还有兔儿奶奶，都是泥捏的。兔儿头人身，有的身着铠甲、插护背旗，有的作捣药状，还有的正襟端坐，形态各异。

5. 与建筑有关的俗语

"前门楼子搭脚手——好大的架子"，"架子"双关，既指一般的架子，也指摆谱儿，摆身份。前门是正阳门的俗称，建于明朝永乐年间，高十二丈多，面阔七间。那时候皇帝赴天坛祭祀必走此门。因此建得雄伟壮观，威风凛凛。所以前门楼子在建设和维修时所搭的脚手架，一定是非常壮观。人们用这句俗语来讽刺那些本事不大，假模假式把谁都不放在眼里的人。

"猫卧房脊——活受（兽）"，古代的建筑在房脊上的建有仙人、异兽等，北京话还有五脊六兽这个词。仙人异兽在建筑的檐角上寓意消灾祛祸、主持公道、剪除邪恶。开玩笑说猫上房蹲在屋脊上，成了屋脊上活的小兽。"兽"音同"受"，"活受"即意味活受罪。

"吃烤肉到了卢沟——宛（晚）来宛（晚）走"，据说北京著名的烤肉宛始于康熙年间。数代经营烤肉，选料精致、味道鲜美，慢慢地在北京就有了名气，吸引了众多食客。宛平城在卢沟桥东，这句歇后语是借助了烤肉宛和宛平县两个宛字的谐音，形容来得晚走得晚。

"门头沟的财主——窑（摇）头"，"窑头"谐音"摇头"。以前北京人家做饭、取暖有不少使用的是门头沟的煤。民国年间，门头沟大概有三十几座煤窑，由于当时开煤窑能赚大钱，上至官吏下至商人都竞相投资。窑主都是家财万贯的财主。

"厂甸的糖葫芦——串上了"，老北京的厂

甸是春节时有名的去处。厂甸的风车、大糖葫芦更是深受孩童的欢迎。春节时卖大糖葫芦的小贩们串糖葫芦忙得不可开交。这句俗语是借用串糖葫芦，来形容人们为了某些事情串通一气。

"万春亭上谈心——说风凉话"，景山的万春亭是旧京城里的制高点，四面透风。一年四季或凉风习习，或寒风刺骨。北京话中把一些不切实际或讥讽他人的语言称作风凉话。这是借用了景山万春亭来表达此意。

"皇上家的祠堂——太妙（太庙）"，太庙，即今天的劳动人民文化宫，当年这里是皇家的祖庙。"太庙"谐音"太妙"，北京话"妙"，是称赞一些做得非常好的事情。

"药王庙进香——自讨苦吃"，老北京城药王庙有不少处，这些药王庙所供奉的药王爷是伏羲氏、神农氏和黄帝。孙思邈、韦慈藏等古代名医侍立两旁。著名的几座药王庙坐落在东西南北城。东药王庙在东直门里，西药王庙在地安门外，南药王庙在天坛北侧，北药王庙在安定门里。旧京城中，不少老百姓瞧不起病，每年阴历的四月初一、十五为参拜药王爷的日子，到庙里来烧香、拜药王爷的求医者甚众。拜过药王爷之后，能够得到些香灰，有些人在回家的路上还顺便买些野药吃。香灰和野药，其味道就可想而知。所以北京城中的老百姓就说"药王庙进香——自讨苦吃"。

6. 与商业有关的俗语

"头戴马聚源，身穿瑞蚨祥，脚踩内联陞，腰缠四大恒"，马聚源是帽店，瑞蚨祥是绸布店，内联陞是鞋店，这些都是人们所熟悉的京城老字号，唯有"四大恒"，人们不大熟悉。所谓"四大恒"是当年京城有名的钱庄。按《道咸以来朝野杂记》一书载："当年京师钱庄，首称四恒号，始于乾、嘉之际，皆浙东商人宁绍人居多，集股开设者。资本雄厚，市面繁荣萧索与之有关系。四恒号皆设于东四牌楼左右，恒和号在牌楼北路西，恒兴号居其北隆福寺胡同东口，恒利号在路东，恒源号在牌楼东路北。凡官府往来存款，及九城富户显宦放款，多倚为泰山之靠。"古人喜欢称出门携款（银子）为"腰缠"，唐诗中有"腰缠十万贯，骑鹤下扬州"之句，即是指此。由此可见，四大恒在当年是财富的象征，能"腰缠四大恒"者，势必是殷富之人。四大恒钱庄资本雄厚，据说内有慈禧皇太后的股本，故有"官方银行"的色彩。"天下没有不散的筵席"，好景不长，所以四大恒"自庚子之役，颇受损伤，然犹支持十余年，始次第歇业"。恒源号、恒兴号歇业最早，恒利号曾维持到民国十年之后。"四大恒"财源茂盛，"当年所出银票，市民皆视为现金，故始终无挤兑之事"。但是清末之后，因国势的衰败而衰败，故又出现了"四大恒不如一泰源"的说法。

"四大恒不如一泰源"，泰源亦是一家大钱庄，开设在南长街。从它开始的位置上看，离清廷内务府会计司不远，又在紫禁城下，显然与清宫有密切关系，很可能是"民办官助"的金融机构。因此，"内务府与宫中流动之款，则于泰源号司之。"更为甚者，"该号不出银票，所用皆二指关税兑条一纸，然多数有至万金者，为他家所无"。凡此种种，说明"四恒不如一泰源"之说，并非空话。

"老买卖——不养三爷"，所谓三爷，泛指少爷、姑爷、舅爷。"不养三爷"意思是不许他们参与店里的经营和管理。旧京城的老字号、大买卖，虽多为一姓或几姓家族所有，但具体经营和管理则由掌柜的管理，掌柜今日称经理，但在当年是店东手下的"打工者"。为使买卖兴隆，经久不衰，掌柜的必须尽心尽力，而"不养三爷"则是他们多年经验的结晶。"三爷"，即那些店东的少爷、小舅子和女婿，因自己的身份特殊，又与店东有亲缘关系，往往指手画脚，干预经营管理，有的"三爷"还仗势胡作非为，影响店铺的生意和声誉。基于此，不少明智的掌柜便有了"不养三爷"的招数，至于店主，出于经济原因和自己事业的发达，一般也默许和支持"不养三爷"。这样，"不养三爷"成了大商号不成文的规矩。"不养三爷"，看起来是个简单的"回避"制度，其实是经验教训所得出的结论。在工商史上，不少大买卖、老字号本来十分兴旺发达，但由于误用了不懂行又不检点的"三爷"，而使自己的买卖由盛至衰，乃至倒闭关张。此类的例子在旧京城就不少，以饭庄业的"八大楼""七大居"为例就足以说明。这些"楼"和"居"在20世纪三四十年代逐渐消失，内中原因很多，但是养了"三爷"是最主要的原因之一，东兴楼饭庄的倒闭最有代表性。

"天桥的货——假的多"，这也是北京地区旧日流传很久的俗语，与"天桥的把势——光说不练"，有异曲同工之意。天桥是京城旧日下层百姓的缩影，又是有名的藏污纳垢之地，此地市场上所卖商品，假、劣、破三字成了天桥商品的代名词。天桥没有什么老字号买卖，多的只是小铺和货摊，并有"雨来散"之说，而顾客又多为流动的，没有"回头客"。因此在这里的经商者自然不会讲什么商德和信誉。故而有了"天桥的货——假的多"的歇后语。后来，人们又将此歇后语简练成为"天桥的货"。

"砂锅居的买卖——过午不候"，是京城流传甚广的一句歇后语。砂锅居在西四缸瓦市，是一家以卖砂锅菜为主的饭馆。据传,此饭馆开业于乾隆六年(1741),系和硕定亲王的王府管家所开,原称和顺居,以卖煮白肉起家。煮白肉原本是清宫祭祖敬神的食物,和顺居继承了煮白肉的技艺,煮出的肉肥而不腻,瘦而不柴,鲜美可口,很受食客的青睐。但是,当年和顺居是小本经营,煮肉的锅只有一口,每天只能煮、卖一口猪,卖到中午的时刻便告罄,如果顾客要想大饱口福,只能赶早而去,否则只好败兴而归。好事的北京人便依此造出了"砂锅居的买卖——过午不候"的歇后语。

有些俗语,意思接近,但仔细分析,我们能体会其中的细微差别。比如"拿糖""溜肩膀"和"摔勺子",这三个俗语的意思都是表示对工作甩手不干。仔细分析,"拿糖"指以某种特长相要挟,非他不可,所以要讲条件,得不到满足就不干。"溜肩膀",指出工不出力,我不干,谁爱干谁干,是一种懒汉思想。"摔勺子"以扔掉厨师的主要工具勺子比喻对工作甩手不干,多半由某种思想情绪所致。可见"拿糖"和"摔勺子"是公开的,但"拿糖"则还会有一种舍我其谁的傲气,"溜肩膀"则是暗地里、偷偷地。总之,这三个词生动地刻画了三种不正确的工作态度,都会给工作造成不应有的损失,都是不足取的。老北京俗语之丰富由此可见一斑。

有些俗语,因为时代的原因以讹传讹,造成误解。比如"东富西贵"这个词,并非是说清代北京凡有钱的人都住在东城,而王公贵族和大官都住在西城。真实的情况是清初摄政王多尔衮令旨:内城居住的汉人一律迁居南城,即正阳崇文宣武三门以外、永定左安右安三门以内地区。内城定为八旗人居住的地区,包括北城和东西城,从北往南分东西左右翼,所以王公府邸和官员宅第平均分布在内城,根本不存在什么"东富西贵"的区别。其实在东城也有诸多府邸,如睿亲王府,多尔衮生前的王府在南池子玛哈噶喇庙,他的后代在乾隆年间赐新府在外交部街;豫亲王府,即现在的协和医院,豫王多铎曾任大元帅,所以此地名叫帅府胡同;怡亲王府,在东安市场之东的冰碴胡同,等等。

所以"东富西贵"不是指东城和西城，是指外城汉人居住区域而言。清代汉人一二品大员中少数有内廷差事的在内城居住以外，绝大多数汉人官员都集中在宣武门外居住。另外各省府州县在京为接待进京会试举人设立的会馆也集中在宣南地区，也就是说，"士大夫"集中的地区当然属于贵的阶层。宣南地区在外城属于西半部。而东半部是工商业者集中的地区，各行业的行会组织也集中在外城的东半部。当然士大夫和工商业者在各自范围内都有贫有富，但在当时的社会中商人无论多么富总是属于富而不贵的地位。因此当时对汉人居住地区南城产生了"东富西贵"的话。

再如"天棚鱼缸石榴树，先生肥狗胖丫头"，这句话并不是指北京官员们的住宅，而是指外城汉人居住区域一部分富而不贵的人家而言。这些人家是六部的书吏，俗称"书办"，父传子辈辈当书吏，家庭生活很富裕，他们不是官，自己虽有钱盖房但不能盖大门，在小门内照壁前摆四盆石榴，一个大鱼缸，缸内种些藕、蒲棒等，而官员们的住宅大门内照壁上悬挂官衔牌，所以以照壁前不摆任何东西成为体制。书吏不是官但生活很优裕，在门内摆鱼缸石榴来点缀装饰成为这样类型人家的风尚。由于家道殷实所以有条件请家庭教师，到夏天在院中搭起天棚遮阳，胖使女、胖狗也是生活富裕的标志。

老北京话中的俗语饶有趣味，收集整理老北京俗语，并对其进行准确的分析、释义，不仅对文学、语言学、民俗学具有重要的研究意义，而且对我们每一个生活在北京、热爱北京、想要发扬北京优秀传统文化的人来说，更是一项重要的使命和责任。

第二讲
《金瓶梅》中的俗语

一 《金瓶梅》概说

《金瓶梅》,也称《金瓶梅词话》,成书约在明朝隆庆至万历年间,作者署名兰陵笑笑生。

《金瓶梅》被誉为"第一奇书",是我国第一部由文人独创的率先以市井人物与世俗风情为描写中心的长篇小说,它开启了文人直接取材于现实社会生活而进行独立创作长篇小说的先河。

关于《金瓶梅》的版本,先后有过三种:一种是早期的抄本。可惜的是除了在明代一些学者的通信或笔记中有所记载之外,这些早期的抄本并没有流传下来。二是词话本(即明万历年间刊刻的《金瓶梅词话》)。目前，存世的已发现了三部，除一部辗转美国而今藏于台湾地区外，另外两部均流落到日本。三是明崇祯年间刊刻的多达七八种的《新刻绣像批评金瓶梅》及《张竹坡批评第一奇书》等说散本。金瓶梅的词话本保留有明代说唱文学的一些特色，是最为接近金瓶梅原著并有相当研究价值的一类版本。但是，词话本未经整理和校勘，尚不大适合于一般读者阅读；另外，更因书中夹杂有大量的性描写，也不大适合于公开发行。金瓶梅的说散本由于经过佚名文人的改写和增删，把原书中的烦冗和枝蔓加以删略，又去掉一些无关紧要的人物和情节，因而就更适合于一般读者阅读。不过，足本的说散本仍保留了原书中的绝大部分性描写，因此，同样是不宜公开发行的。说散本的另一个特色是：书中含有大量的眉批、旁批以及夹批，有的还有张竹坡的评语等；有的版本更配有由几位明代木刻家专门刊刻的多达200幅的木刻插图。

迄今从语言学角度对《金瓶梅》进行研究

并编著成词典的主要有以下几种：（1）王利器主编的《金瓶梅词典》，吉林文史出版社1988年出版，收录《金瓶梅词话》中关风俗、宗教、职官、典章制度、器物、服饰、人名、地名等方面的词语，总计4588条。例句既有《金瓶梅词话》中的，也引元曲、话本小说中的以为佐证。词语按现代汉语注音，必要时注方音。词典附有《〈金瓶梅词话〉难解词语待问篇》，《〈金瓶梅词话〉谚语歇后语汇编》（约400条）。（2）白维国主编的《金瓶梅词典》，中华书局1991年出版。以收口语词汇为主，兼及于今不用或不常用的名物词。古代汉语和现代汉语的常用词一般不收。共收词语8129条，每一词条有注音、释义、例证，释义只释该书出现的意义，例句只引《金瓶梅词话》中的，不做类比和参证，酌引前人诊释文字作为辅证。（3）李布青著《金瓶梅俚语俗谚》，宝文堂书店1988年出版，该书注释了《金瓶梅》全书的俚语俗谚600条，辑录比较全面。作者不仅对它们的一般意义作了解释，而且对它们在《金瓶梅》本回本段中所具有的特殊意义作了说明。本书引征各例，均出自人民文学出版社1985年版戴鸿森校本。

二 《金瓶梅》与北京

由于《金瓶梅》的语言口语化，所以其方言属性一直为学术界所关注。关于《金瓶梅》所用方言的属性，主流性看法当然是山东方言说，但是学界一直对此有不同意见。据张玉萍在《〈金瓶梅〉方言问题研究综述》(《明清小说研究》2003年第4期)一文中的统计，计有山东方言、北京方言等十多种说法。我们认为,《金瓶梅》虽然不是单纯的北京方言作品，但其中的北京方言词语是值得关注和研究的，可以作为明代北京话研究的一种资料来源。

《金瓶梅》成书于明代末期，明代的北京，是全国的政治和文化中心，北京话因其独有的地位和特色而显得别具风格。《金瓶梅》中也保存了不少的北京话，试举几例：

在第七十八回中吴月娘在家请客，客人都到

了,"止有何千户娘子直到晌午大错才来"。段玉裁《说文解字注》,京师人谓日跌曰晌午错。《光绪顺天府志》记载:"今顺天人谓日午为正晌午,少西曰晌午错。""晌午大错"就是指下午。

再如"奔命","听见他老子每(们)来,恰似奔命的一般,吃着饭,丢下饭碗,往外不迭;不知勾引游魂撞尸,撞到多咱才来!"是紧张、匆忙奔走的意思。

北京话中的"平地",并非指地平、平稳之地,而是借喻,指原来没有基础,而突然发生出现的事端。如:"李大妞生的这孩子甚是脚硬,一养下来,我平地就得此官。"

"饶",是表示让步的连接词,表示虽然的意思。例如:"我饶替娘一寻出鞋来,还要打我;若是再寻不出来,不知还怎的打我哩。"

"韶刀"这个词儿现在还常用,是指说话言语不稳重,没深没浅,啰里啰唆,含有贬义:"春梅见婆子吃了两盏酒,韶刀上来了。"就是指言语絮絮不休。

"献勤",指向人献殷勤,做一些巴结讨好

的小事情。"勤",北京话一般要读儿化音。如在《金瓶梅词话》里,潘金莲说:"你看献勤的小妇奴才!你慢慢走,慌怎的?抢命哩?黑影子绊倒了,磕了牙也是钱!""你说你怎行动,两头两头戳舌,献勤出尖儿!"

"信意儿",是肆意、任意、不多加考虑的意思。也可以做离合词使用,"信着意儿"。如:"若是信着你意儿,把天下老婆都耍遍了罢,贼没羞的货!"也还可以省掉"意儿",只用"信着"。如:"你和他吃了,别要信着又勾引的往那里去了。"都是任意、由性儿的意思。

"饧"也是北京话,指和好面先放一会儿,读 xíng(行),或者 xǐng(醒)。目的是使和好的面更加柔软。《本草备要·谷芽部》:"糯米酿酒则热,熬饧尤甚。饧即饴糖,润肺和脾,化痰止嗽。"饴糖即俗称的糖稀,故"饧"用在俗语上,有化解、粘连的意思。如:"月娘见他二人吃,饧成一片。"就是粘连的意思。

"泍",在北京话读作 bá,动词,指把东西放在冷水或冰块里,使之变凉,是食物冷鲜的一个好办法，如书中："把这梅冰汤在冰内湃着你吃。""有梅提汤一壶来，放在这冰盘内湃着。""果盒，盒子上一碗水湃的果子。"

"巴巴儿"是专门为了某件事情特意、特地的意思。第一个"巴"读bà,第二个"巴"bār。《金瓶梅词话》："巴巴儿叫来旺两口子去，他媳妇子七病八痛，一时病倒了在那里，谁扶侍他？"是特意的意思。"我不好说的，巴巴儿寻那肥皂洗脸，怪不得你脸洗得比人家屁股还白。"

《金瓶梅》里的北京话，不像《红楼梦》那么"雅"，也不像《儿女英雄传》那么"土"，可以说是有点儿"野"，书中"贼小妇奴才""奴才淫妇""贼臭肉"比比皆是。下面就举几个"脏话"为例。

书中第31回潘金莲嫉妒李瓶儿生了孩子，在背后咬牙切齿地骂西门庆："这两日作死也怎的？"这"作死"中的"作"读阴平声，"作死"是咒骂之语，即说人找死。

"嚼蛆"也是骂人的话，表示信口胡言的意思。如："口里一似嚼蛆的，不知说的什么。"

"腿",在古代文学作品里一般都写作"靗"。如元代杜仁杰著名散曲《般涉调·耍孩儿·庄稼不识勾栏》:"刚捱刚忍更待看些儿个,枉被这驴靗笑杀我。"也有作"腿"的,如元杂剧《独角牛》:"打倒你老子,关我腿事?"《金瓶梅词话》:"那怕那吴典恩追拷着平安小厮,供出奸情来,随他那淫妇一条绳子拴去,出丑见官,管咱每大腿事!"这也是骂人的话。

《金瓶梅》书中对北京的吃食和风俗也有所描写。如万历本《金瓶梅词话》里,就有"艾窝窝","妇人吃了他一块糖,十个艾窝窝,千恩万谢出门。"一次能吃下十个,大概要比现在的个儿小。可见北京小吃艾窝窝的历史,最少也有四百年了。

"黄米面枣儿糕",元代的北京志书《析津志》所记的北京风俗中便有记载:"有以黄米作枣糕者,多至二、三升米作一团,徐而切破,秤斤两而卖之。"《明宫史》中也有"黍面枣糕"之记,而"黍面"就是黄米面,所以说北京有这种食品是于史有征的。

《金瓶梅》第十回李瓶儿给西门庆家送来"果馅椒盐金饼",并说这是"朝廷上用的",应是出自宫中甜食房的一种点心。《典礼记》所记明代奉先殿每日应供奉的食品清单中也有"十二日,椒盐饼"。

在北京,元宵节有摸钉儿、走百病儿的习俗流传至今。《词苑丛谈》作者徐釚亦云:"京师旧俗,妇女多以元夜出游,摸正阳门门钉,以祓除不祥,谓之'走百病'。"徐是康熙时人,他说是"旧俗",可见其由来已久。明代刘侗《帝京景物略》有云:"(正月)八日至十八日,集东华门外,曰灯市,贵贱相遄,贫富相易贸,人物齐矣。妇女着白绫衫,队而宵行,谓无腰腿疾,曰'走桥'。至各城门,手触暗钉,谓男子祥,曰'摸钉儿'。"《金瓶梅词话》中也写到了"走百病儿":"……出来跟着众人走百病儿,月色之下,恍若仙娥,都是白绫袄儿,遍地金比甲,头上珠翠堆满,粉面朱唇……"又有:"他(韩嫂儿)在家跟着众人走百病儿去了,醉回来家,说有人剜开他房门,偷了狗,又不见了些东西,坐在当街上撒酒疯骂人。"这句中的"当街",也是口语."当"读dāng,在街上的意思。"走百病儿"是妇女的习俗,目的是为"男子祥""宜男也"。"走百病儿"时妇女们所穿的衣服,也有规定。即《金瓶梅词话》中的"白绫袄儿",也叫"夜光衣",清代高士奇云:"正月十六日夜,京师妇女行游街市,……消百病也。多着葱白米色祾衫,为夜光衣。"即《帝京景物略》中所云的"着白绫衫"。这一习俗诗文多有记之。明代周用《走百病》诗:"都城灯市由来盛,大家小家同节令。诸姨新妇及小姑,相约梳妆走百病。……"王廷绍《霓裳续谱》:"北平俗曲《正月正》云:正月正,呀呀哟,娘家接我去看灯。问问婆婆问公公,婆婆说去了你早早的回,媳妇说是我还要走走百病,妈妈呀,你也走吧,走走桥儿不腰疼。"

再如《金瓶梅》书中描写李瓶儿出殡:"陈经济扶灵床,都是玄色纻丝灵衣,玉色销金走水,四角垂流苏。"这里的"走水",是指横在灵帐子上端的短帘(门帘、桌围等上端的短横幅,也叫"走水")。"走"要读阳平,"水"字读轻声。李瓶儿之死,从装殓、停灵吊孝、逢七念经,到出殡、下葬、回灵、暖墓,多少琐碎名堂,无不工笔细写。《宛署杂记》所记北京地区丧礼,"间有富贵家,饭僧焚修,费动百千,冥器、幡幢,照耀数里,随椁封树,比之陵寝。护坟田宅,崇之徕命。然惟有力者为之,他不然也。……三日后,具祭墓所曰暖墓。"李瓶儿的殡葬仪式就是如此,但是如此气派的丧葬之礼,在北京也是不多见的。

三 《金瓶梅》中的俗语

《金瓶梅》的语言口语化极强,书中所使用的俗语更是精彩。有很多俗语,一直沿用到今天。例如:"天塌了还有撑天大汉哩。"这是书中春梅安慰潘金莲的话。"浑身是铁打得多少钉儿?"花子虚输了官司,追问李瓶儿还有多少财产,李瓶儿这样奚落花子虚。"千里长棚,没个不散的筵席。扬州虽好,不是久恋之家。"这是西门庆死后,李桂卿、李桂姐劝说李娇儿的话。"自古嗔拳不打笑面。"陈敬济被杨大郎打,亏得侯林儿救了他,这是侯林儿当时对杨大郎说的话。还有"横草不拈,竖草不动。""一尺水十丈波。""先下米先吃饭。"等。

还有一些俗语出自元曲或者小说,作者的引用也是恰到好处,精彩绝伦,试举几例。

"绿豆皮儿——请退了。"书中是潘金莲怀疑陈敬济与孟玉楼有首尾,对陈敬济这样说。语出元·宋方壶《南吕·一枝花》:"绿豆皮儿你请退!""请退"谐音"青褪"。

"甜言美语三冬暖,恶语伤人六月寒。"语出《西厢记》:"别人行甜言美语三冬暖,我根前恶语伤人六月寒。"书中是说孟玉楼劝潘金莲去向月娘赔礼。

"清自清,浑自浑。歹的带累了好的。"书中是媒婆陶妈妈对孟玉楼所说:"你这媒人们说谎的极多……奴也吃人哄怕了"的答话。语出《三遂平妖传》,是讲述一个冒牌尼姑带累了本宅奶奶的故事。

"疾风暴雨,不入寡妇之门。"书中是陶妈妈奉命来西门府说媒,家人来昭拦住她时说的话,意指寡妇门前不要多走动。语出元杂剧《渔樵记》,乃朱买臣之妻崔氏推朱买臣出门时说的话:"你既与了我休书,我和你便是各别世人。你知道么?疾风暴雨不入寡妇之门,你再若上我门来,我挝了你这厮脸!"

"咽喉深似海,日月快如梭,无底坑如何填得起?"王杏庵两次接济陈敬济毫无效果,便如此说。语出《醒世恒言·错斩崔宁》中刘官人的老丈人说的话。

有些俗语,我们可以在后世的京话小说或其他北京话写成的文献中找到它们的身影,有些甚至在当今的北京方言中也能听到。

"不防头脑",指不着调的话语。如:"以后见他说话儿出来,有些不防头脑,只低着头弄裙带子,并不作声答应他。"

"不因不由",指控制不住自己,不由自主地。如"西门庆不因不由信步走入里边观看。"

"不差甚么","差"有稍微、比较的含义,读作 chā（叉）。"不差甚么"这句北京话的读音读作 bù chā shén már，"不"字也不变调。是没关系、不要紧的意思。如："他既恁说，我容他上门走走，也不差甚么，但有一句话，我不饶他！""自古有天理倒没饭吃哩，他占用着老娘，使他这几两银子也不差甚么！""若打我一下儿，我不把淫妇口里肠抠了也不算我！拼着这命摈兑了你，也不差甚么！"

"猫儿头差事"，即秘密的、不可告人的事情，同"猫儿腻"。在第二十回中有"正经使着他，死了一般懒待动旦；若于猫儿头差事，钻头觅脑，干办了要去，去的那快！"

"牵着不走，打着倒退"，现在时常说，是数落人在前边拉着他，他不走；在后边打着他，他反而倒退。指人之不长进，没出息。如书中说："每日牵着不走，打着倒退的，只是一味咪酒，着紧处却是锥钯也不动。"

"头上末下"，在第十九回里有这样的句子："你娶他将来，一连三日不住他房里去，惹他不恼么？恰似俺每把这桩事放在头里一般，头上末下就让不得这一夜儿？""头上末下"，指初次、新来乍到、头一回。上例是孟玉楼劝解西门庆的话。西门庆恼怒李瓶儿前嫁蒋竹山，这回把李瓶儿娶过来以后，并不到她的房间里去，所以孟玉楼说：你把他（李瓶儿）娶了来，但是一连三天都不上他房里去，好像是我们这几个妻妾心怀嫉妒，不放你前去，新人到来，连着头一回都不能容让他似的。这几句话说得婉转有致，劝解西门庆，却从李瓶儿处生发（心中恼），落得为自己开脱（让不得这一夜儿），隐含着还有埋怨西门庆之意。一句大白话，却是连珠妙文。"头上末下"四字，"上"字轻读。和"头"字连读，也可读"头儿tóur"，"末下"二字连读。

"意意思思"，在北京话里这四个字都要按照原有的声调读，不轻声也不儿化。有迟疑、若即若离或者留恋难舍、羞涩的意思。例如："玉楼道：'嗔道贼臭肉，在那里坐着，见了俺每，意意思思的待起不起的。谁知原来背地里有这本帐！'"这是孟玉楼詈骂来旺媳妇宋氏，和西门庆勾搭成事，因为有了"资格"，架子便大了起来，见了孟玉楼、潘金莲等主妇们，连站起来也不愿意站起来，"待起不起的"。"意意思思"表示迟疑、犹豫的样子。

"撦溜子"，"撦"音 zhě，"溜"读 liū，"子"轻声，这是地道的北京话。书中有例："这书箧的都是他的拜帖纸，娘的鞋怎的到这里？没的撦溜子，拜工大儿！"又如："找不何你这撦溜子，人也死了一百日来，还守什么灵？在那屋里也不是守灵，属米仓的，上半夜摇铃，下半夜丫头似的听的好那声。"金受申先生的《北京话语汇》释作"借故掩饰自己的思想或行动"。徐世荣先生的《北京土语辞典》释作："谓做错了事，说错了话。借其他的事情、话题，掩盖自己的羞惭。"陈刚先生《北京方言词典》则释作"自找办法打圆场儿。"

"买金偏撞不着卖金的。"书中写潘金莲嫁给武大郎，"自古佳人才子相配着的少，买金偏撞不着卖金的。"意思是碰不着合适的。

"荤不荤，素不素。"意思是不伦不类。月娘不同意李瓶儿马上过来，潘金莲乘机说："大姐姐说的也是。省的弄的荤不荤，素不素的。"

"漏眼不藏丝。""漏"谐音"露"，"丝"谐音"私"，指自己没有隐瞒、没有私心。薛嫂完成了陈敬济委托的联系潘金莲的任务，回来拿出五钱银子与他瞧："此是里面与我的，漏眼不藏丝。"

有些俗语是语出有典，或是可以从文化、习俗上予以解释。

"金命水命，走投无命。"意思是根据命理观念，金命与水命本十分相合，但到如今这个地步，什么命都无济于事了。这是说月娘终于亲见潘陈丑事，将陈敬济一顿好骂，陈敬济落荒而逃。

"一鸡死，一鸡鸣，新来鸡儿打鸣忒好听。"这是月娘对孟玉楼表白自己对潘金莲的怨气时说的话。"鸡"原为"姬"，指西汉的贾姬，典出《史记·郅都传》，郅都是个酷吏，"亡一姬复一姬进"，是郅都不肯救贾姬时所说。

"正月十六贴门神——来迟了半个月。"月娘叫薛嫂押祭礼到陈家来，一来祭祀亲家，二来送大姐回来。谁知陈敬济却嫌来晚了，还要打大姐。

"踩小板凳儿糊险神道——还差着一帽头子哩！"李瓶儿生子，潘金莲对孟玉楼这样说。"险神道"应为险道神，又叫显道神，是最早的门神，原身是《封神演义》中的方弼、方相兄弟。这句意思是说因为人个子矮，即使踩了小板凳也无法将门神贴准，明指李瓶儿怀孕的日期不对，所以说"还差着一帽头子哩"！

"险道神撞着寿星老儿——你也休说我长，我也休嫌你短。"月娘擅自替官哥与乔大户家攀亲，西门庆不满意，认为这门亲事不般配，潘金莲如此嘲笑他，险道神身长、寿星身矮，这是没办法的事实。

"乡里姐姐嫁郑恩——睁着个眼儿、闭着个眼儿罢了。"陈敬济脱口而出一声花大舅，恼了潘金莲，质问他"是哪门子亲戚？"陈敬济慌了，这样回答，用《打瓜招亲》的典故哀求放他一马：郑恩是赵匡胤义弟，伤一眼；陶三春是种瓜女，故称"乡里姐姐"。

"南京沈万三，北京枯树弯——人的名儿，树的影儿。"在书中第三十三回陈敬济丢了钥匙，潘金莲扣着不给，非要他喝酒、唱曲，这句话意思是：人人知道你会唱，就不要做作了。沈万三是明朝初期的富豪，枯树弯传说在明朝初期挖出了大量银两。作者在讲述宋朝的故事时，引用了带有两位明朝人名的歇后语，使读者颇感幽默。

有些俗语在结构上较为对称，读起来朗朗上口。

"贱里买来贱里卖，容易得来容易舍。"潘金莲用这两句俗语来说西门庆心目中只有月娘没有她。

"秀才无假漆无真。不图打鱼，只图混水。"第四十五回，应伯爵给黄四出主意，在香蜡里做手脚赚钱，前一句说此举司空见惯，后一句说这不是为钱。

"十日卖一担针卖不得，一日卖三担甲倒卖了。"书中王、薛两姑子把弄来的衣胞做药卖给月娘，月娘喜不自胜，因此作者这样评论。

"针""甲"谐音真、假。

"借米下得锅,讨米下不得锅。哄了一日是两响。"应伯爵替吴典恩出主意,干脆向西门庆借银一百两,借债容易讨债难,混一天是一天。果然,后来吴典恩再也没有归还这一百两银子。

"妻大两,黄金日日长。妻大三,黄金积如山。"薛嫂替西门庆说娶孟玉楼时如此说。意思是这是个令人满意的婚姻。后孟玉楼改嫁李衙内,薛嫂又说"妻大两,黄金长。妻大三,黄金山"。

"离城四十里见蜜蜂儿刺屎,出门教獭象绊了一交,原来觑远不觑近。"潘金莲责怪西门庆瞒着她娶了孟玉楼,王婆在旁这样调侃。意思是近处该看见没看见,远处不该看见的倒看见了。

"今晚脱了鞋和袜,未审明朝穿不穿。"王婆对武松说,天有不测风云,谁都没有料到武大郎得急病死了。"家鸡打的团团转,野鸡打的贴天飞。"潘金莲私通琴童,被西门庆打后胡搅蛮缠一番,乘机这样埋怨西门庆。

"使的憨钱，治的庄田。千年房舍换百主，一番拆洗一番新。"贲四这样对何太监说，甚得其心意，当场就叫贲四做他买房的中人。"老娘成年拿雁，教你弄鬼儿去了！"这是潘金莲骂如意儿的话。她先后害死了宋惠莲、李瓶儿，不想又出来一个如意儿，自然不该罢休，不过她并不把如意儿放在眼里。

"有势休要使尽，有话休要说尽。人人有面，树树有皮。"孟玉楼劝潘金莲去向月娘赔了礼，事后却又在背地里如此褒贬月娘，说明其人两面三刀。

有些俗语通俗直白，作者使用得符合人物，精彩贴切。

"龙斗虎伤，苦了小獐"，龙虎相争，小者必死、大者必伤，更没有小獐的活路了。这是在书中描写潘、陈乱伦败露，陈敬济不敢进后边去，连累傅伙计他们都没人送饭了。

"犯夜的倒拿住巡更的"，这是月娘对大妗子诉苦："我倒容了人，人倒不肯容我。""犯夜的"就是犯禁夜行的人，指潘金莲；"巡更的"指月娘自己。

"当家三年狗也嫌",当家的人,连狗也不喜欢。这是西门庆体谅孟玉楼持家之难。

"乳老鸦笑话猪儿足,原来灯台不照自",乌鸦自己身黑,却嘲笑猪的脚黑,意思是五十步笑一百步。这是在西门庆说王三官不成器时,月娘便如此讥讽西门庆。

"饿眼见瓜皮",潘金莲评西门庆与如意儿的关系时说:"饿眼见瓜皮,甚么行货子,好的歹的揽搭下。"

"我做兽医二十年,猜不着驴肚里病?"书中描写西门庆梦见李瓶儿,伤感之情被潘金莲识破,潘金莲这样说他。

"欠肚儿亲家是的","欠肚儿"指坐立不安的样子。潘金莲闻得西门庆进了她的房,在月娘那里坐不住又不敢走,月娘说:"你去吧,省的你欠肚儿亲家是的。"

"得了些颜色儿,就开起染房来了",西门庆偶然在孙雪娥房里宿了一夜,正巧第二天孙雪娥对几个妓女自我介绍为"四娘",潘金莲听说了，就在背后如此讥讽她。

"为驴扭棍不打紧，倒没的伤了紫荆树"，潘金莲打狗又打秋菊，惊吓了隔壁的官哥，潘姥姥夺下潘金莲的鞭子这样说，显然是在保护官哥，因此潘金莲对她很不满。"驴扭棍"指安在驴屁股后的一根短棍，以防止货架滑落，通常用不值钱的树条制作，这里比喻秋菊与狗。紫荆树的木材较好，不会派这个用场，这里比喻官哥。

"下坡车儿营生，一物一主。"劝当铜锣，应伯爵与谢希大一唱一和、奉承拍马。意思是这是顺势而为的生意，今后物有所属了。

"木杓火杖儿短，强如手拨剌。"李桂姐劝西门庆留下夏花儿，说这丫头虽然有偷东西的毛病，但强如没有人，还是留下吧。"火杖儿"是拨火棍；"拨剌"即拨拉。这句意思是用木杓代替拨火棍，虽然短，还是比用手强。

"冷手挃不着热馒头"，这是西门庆、应伯爵、贲四在谈生意时说的话。"挃"的意思应该是贴、靠，这句话是说冷的手，不能拿起热馒头，因为太烫，所以表示不能心急。

"机儿不快梭儿快，打着羊驹驴战。"京中杨提督下狱，西门庆心急如焚，月娘安慰他，他这样回答月娘，说月娘是妇人之见。"机儿"指织机，"梭儿"指织梭，"驹驴"指幼驴，"战"指战栗。全句说织梭比织机快，难料后果；打了羊，幼驴害怕，似"敲山震虎"之意。

"孔夫子也只识的一腿。"这是何太监说的话，张竹坡批"是太监话"。意思是孔夫子也有认识不到之处。

"黑头虫儿不可救，救之就要吃人肉。"张胜杀陈敬济时说的话，当初是张胜找到落难的陈敬济的，所以他说陈敬济忘恩负义。据说"黑头虫"是一种专食其父母肉身的恶虫，所以不可救。

《金瓶梅》中使用了大量的歇后语，恰和人物身份、心态，甚至有很多语言是几个歇后语连用，令人拍案叫绝。

"你斑鸠跌了蛋——也嘴答谷了。春凳折了靠背儿——没的椅了。王婆子卖了磨——推不的了。老鸨子死了粉头——没指望了。"书中第六十回描写潘金莲见官哥死了,喜出望外、精神抖擞,一连用了这四个幸灾乐祸的歇后语。"椅"为"依"的谐音。

"盐也是这般咸,醋也是这般酸,秃子包网巾——饶这一抿子儿也罢了。"这是潘金莲嘲笑西门庆的话。"抿子"是古代妇女刷发抹油的小刷子。这段话总的意思是:你说了也白说,盐总是咸的、醋总是酸的,秃子头上再包网巾,还要抿子干什么?

"爱奴儿掇着兽头城往里掠——好个丢丑儿的孩儿!唐胖子掉在醋缸里——把你撅酸了。好淡嘴女又十撇儿。"应伯爵与董娇儿、韩玉钏调笑斗嘴,这是两个妓女说他的三句话。一是说他丑,二是说他酸。第三句"好淡嘴"是擅长说嘴的意思;"女"加"又"为奴,"十"加"撇"为才。两人骂应伯爵是个好说嘴的奴才。

"铜盆撞了铁刷帚。常言:恶人自有恶人磨,见了恶人没奈何!"月娘见西门庆与潘金莲两人斗嘴不分上下,便笑着这样说。

"争破卧单——没的盖！狗咬尿泡——空欢喜！……吹杀灯挤眼儿——后来的事看不见。"第四十一回潘金莲被西门庆骂哭了，孟玉楼来安慰她，潘金莲转而将怒火对准李瓶儿："我不好说的，她不是房里，是大老婆？……你家失迷家乡，还不知是谁家的种儿哩！"这里，一连用了这三个意思相仿的歇后语。"杀"原意是"死"，这里意思是"灭"，灯吹灭了再挤眼，自然看不见了。

"写字的拿逃兵，我如今一身故事儿哩！卖盐的做雕銮匠，我是那咸人儿？"冯妈妈原是李瓶儿的帮佣，可现在为王六儿忙得不可开交，难得到李瓶儿这里来了，李瓶儿问她为何好久不来，她这样回答。秀才去捉逃兵，没抓到逃兵，却有很多故事；卖盐的改行做雕銮匠了，没得闲（咸）了。意思是现在她有许多不能说的事情，忙不过来了。其中"雕銮匠"是指从事雕塑的匠人，又称"装銮""塑作"。

"雀儿只拣旺处飞。冷灶上着一把儿、热灶上着一把儿。"因为玳安替李瓶儿多拿了一个灯

第二讲　《金瓶梅》中的俗语

笼,潘金莲就这样责怪他:"哥哥,你的雀儿只拣旺处飞,休要认差了,冷灶上着一把儿、热灶上着一把儿才好。俺们天生就是没时运的来?"后一句是说做事要公平。

"咬人的狗儿不露齿。是言不是语。墙有缝、壁有耳。"西门庆变卦了,来旺喝醉后又想杀西门庆,宋惠莲一连用了三个谚语骂他。意思是:真正凶恶的人是不会显露出来的,你这样的醉话没有用,只有给别人听了去的份儿。

"还打张鸡儿哩!黄猫黑尾,你干的好茧儿!"秋菊在花园里翻出了一只宋惠莲的鞋,潘金莲责问西门庆,这样奚落他。"打张鸡儿"是说他装傻。"黄猫黑尾"是说他表里不一,"猫"谐音"貌","尾"谐音"里";"好茧儿"是指见不得人的事。

"你看七个窟窿倒有八个眼儿等着在这里。休要做打踅的献世包!'关王卖豆腐——人硬货不硬。'驴粪球儿面前光,却不知里面受凄惶。"这是书中潘金莲对潘姥姥说的一席话。第一句意为"有那么多人看着"。第二句的"献世包"

即"现世报"。

"三个官唱两个喏,谁见来?孙小官儿问朱吉,别的都罢了,这个我不敢许。没了王屠,连毛吃猪!借汁儿下面。"(第七十三回)来自潘金莲数落西门庆的一段长话,原来她还在为西门庆酒席上点唱"忆吹箫"的事气愤不已。"三个官唱两个喏,谁见来",指这是不太可能发生的事。"孙小官儿问朱吉,别的都罢了,这个我不敢许",出自元杂剧《荆钗记》第七出《遐契》:孙小官儿名孙汝权,欲娶钱家美女玉莲、问计于家人朱吉的故事。潘金莲是说西门庆明明知道李瓶儿是"和我一般的后婚老婆",却还要叫人唱"什么她为你'褪湘裙杜鹃花上血'",甚是荒唐。"没了王屠,连毛吃猪",原指缺了内行人不成事;"借汁儿下面",是潘金莲讥讽西门庆自死了李瓶儿,拿如意儿当做李瓶儿的替身了。

"腊月里萝卜——动了心?世间海水知深浅,惟有人心难忖量。"月娘见媒婆上门,便意识到莫非是孟玉楼有了嫁人的念头?意思是知人知面不知心!"动"与"冻"谐音。

"蛇钻窟窿蛇知道,各人干的事儿,各人心里明。没个不散的筵席。出头橼儿先朽烂。苍蝇不钻没缝儿蛋。"潘金莲见王婆来到,她的伶牙俐齿在王婆面前也不利索了。王婆道:"自古蛇钻窟窿蛇知道,各人干的事儿,各人心里明。金莲你休呆里撒奸,说长道短,我手里使不得巧语花言,帮闲钻懒。自古没个不散的筵席,出头橼儿先朽烂,人的名儿,树的影儿。苍蝇不钻没缝儿蛋,你休把养汉当饭,我如今要打发你上阳关。"这段话,五句连用,非常至极。

"你干净是个毬子心肠——滚上滚下,灯草拐棒儿——原拄不定把。你到明日盖个庙儿,立起个旗杆来,就是个谎神爷!"在第二十六回宋惠莲找到西门庆,埋怨他说话不算数,一连用了三个歇后语。"毬子"即蹴鞠用的球,"毬子心肠"语出自元杂剧《青衫泪》的唱词。这几句的意思是:你的心不定,一会儿这样、一会儿那样。你的性情不定,就像灯草做的拐杖。你要是盖个庙、竖起旗杆,就能做谎神爷了!

书中第一回"提傀儡儿上戏场——还少一口气儿哩!"月娘讽刺西门庆等人结拜,用这句歇后语评价这些弟兄。"提傀儡儿"即提线木偶戏。

"老鼠尾巴生疮儿——有脓也不多。"意思是说出份子钱是理当的,但太穷也出不多。

第四回"马蹄刀木杓里切菜——水泄不漏。"马蹄刀是弯的,木杓也是弯的,在里面切菜可谓严丝合缝。郓哥这样说王婆,他原想分一杯羹,可是王婆滴水不漏。

第七回"山核桃——差着一槅。"胡桃果内都有槅,称为胡桃槅或胡桃夹。这句是薛嫂说孟玉楼的娘舅张四还隔着一层,是做不了主的。

"属扭孤儿糖的,你扭扭儿也是钱,不扭也是钱。"李瓶儿挨西门庆打,潘金莲对李瓶儿说,你别别扭扭的也是打、伏伏帖帖的也是打。"扭孤儿糖",《红楼梦》中作"扭股儿糖"。

"卖萝卜的跟着盐担子走——好个闲嘈心。"第二十回春梅不知是哪根筋搭住了,主动地为李瓶儿服务起来,潘金莲说春梅是闲的慌了,喜欢干傻事、瞎操心。萝卜加盐变咸了,"咸"与"闲"同音;"嘈心"谐音"操心"。

"羊角葱靠南墙——越发老辣!"第二十一回众妾给西门庆磕头贺喜,潘金莲调侃西门庆拿腔作势。羊角葱是一种大葱,挂在向阳处经年不坏,反而更有味。

"促织不吃癞蛤蟆肉——都是一锹土上人。"这第二十四回蕙祥骂宋惠莲的话,意思是说你我都是同一类人,就像蟋蟀不会吃癞蛤蟆,因为它们一样都是土里来土里去。

"老和尚不撞钟——得不的一声。"潘金莲和李瓶儿一起打秋千,正逢陈敬济进来,月娘叫他推这两个女人,这里表示陈敬济求之不得。

"东净里砖儿——又臭又硬。"第二十五回在来旺面前,宋惠莲对偷情一事死不认账,因此作者这样评价宋惠莲。古时家宅通常将厕所建在房屋东侧,故名东厕,又叫东净。

"老婆当军——充数儿罢了。"第二十六回月娘一边劝宋惠莲、一边这样说自己,因为月娘知道自己说的话西门庆听不进去。

"你媒人婆迷了路儿——没的说了,王妈妈卖了磨——推不的了。"第二十八回潘金莲自己丢了鞋却责怪秋菊,叫春梅逼着秋菊去花园寻找,但是秋菊没有找到,所以春梅这样对秋菊连说这两个歇后语,认定秋菊对此有不可推卸的责任。

"兵马司倒了墙——贼走了?"这是郑爱月调侃西门庆的话。兵马司专管抓贼囚贼,从字面上看是说墙倒了,贼脱逃了,实际上是郑爱月说西门庆贼"透"了。

"小炉匠跟着行香的走——琐碎一浪荡。"古时行香的习俗很繁杂,各式各样的人都聚集一起,所以"跟着行香的走"意指琐碎,小炉匠带的金属物品多,挑担走路时会有浪荡之感。这是玳安问陈敬济去文嫂家怎么走?陈敬济说得太细,玳安说:"小炉匠跟着行香的走——琐碎一浪荡。你再说一遍我听,只怕我忘了。"

"抄化子不见了拐棒儿——受狗的气了。"西门庆铺面开张,众人喝酒行令,应伯爵自谓"我在下一个字也不识",便说了个急口令,又受西门庆等众人奚落,只得说自己是叫花子被狗欺负了。

"打谈的掉眼泪——替古人耽忧。"西门庆观戏想起死去的李瓶儿,动了深悲,潘金莲说:"我不信,打谈的掉眼泪——替古人耽忧。""打谈的"指听说书的。

"梧桐叶落——满身光棍。"常峙节的妻子骂丈夫"梧桐叶落——满身光棍的行货子",责怪他一贫如洗。

"卖瓜子儿打开箱子打噎喷——琐碎一大堆。"指说话啰唆。陈敬济问潘金莲要带什么花色的汗巾,潘金莲说得十分详细,陈敬济不耐烦了就这样说。

"王府门首磕了头,俺们不吃这井里水了?"西门庆要妓女董娇儿好好"招待"蔡御史,董娇儿说:"爹你老人家羊角葱靠南墙——越发老辣了。王府门首磕了头,俺们不吃这井里水了?"表示这理所当然。

"破纱帽债壳子——穷官。"西门庆的嘴说不过潘金莲,便要动手打,潘金莲说:"你说你是衙门里千户便怎的？无故只是个破纱帽债壳子——穷官罢了，能禁的几个人命？"

"瓮里走了鳖——左右是他家一窝子。"李瓶儿房里有一锭金子不见了，潘金莲前来告诉月娘，并乘机说西门庆和李瓶儿就像鳖和瓮的关系一样，反正是一家子。

"大风刮了颊耳去——嘴也赶不上。"李瓶儿怀疑冯妈妈在别处赚钱，冯妈妈急忙辩解说，意思是有嘴说不清。

"六月里蚊子——也钉死了。"冯妈妈向李瓶儿告辞，李瓶儿说了这句，还说："不亏你这片嘴头子"。意指她言语之厉害。

"八十岁妈妈没牙——有那些唇说的？"潘金莲对李瓶儿醋心大发，雪夜弄琵琶发泄，西门庆与李瓶儿一起邀她过去，她发话说你们不要管，西门庆便这样说，怪她有那么多废话。

"什么话？檀木靶，没了刀儿，只有刀鞘儿了。"酒席上贲四说了一个不恰当的笑话，被应伯爵抓住把柄，指贲四的笑话伤了西门庆，就这样说他。这句歇后语的意思是说贲四太狠了，就如拿一把檀木靶（把）的刀刺人，刺的极深，连刀都看不见、只剩下一个刀鞘了。这歇后语包括"什么话"三字，这三个字是歇后语的引子。这四句全部是谐音，其中"什么话"三个字谐音双关"石磨滑"；"檀木靶"是石磨的把手，因为檀木是硬木，很光滑，这三个字又谐音双关"就这话（滑）"；"没了刀儿"谐音"没料到"；"刀鞘儿了"又谐音"道巧了"。这样四句连起来的意思是"什么话——就这话！没料到，只有道巧了"。

"猪八戒走在冷铺中坐着——你怎的丑的没对儿。"意思是冷铺中只有猪八戒一人，所以丑的没对。小说中孟玉楼上寿，西门庆叫小优儿唱"忆吹箫"，潘金莲知道这是西门庆想念李瓶儿，便奚落他说："孩儿，那里猪八戒走在冷铺中坐着——你怎的丑的没对儿！一个后婚老婆，又不是女儿，哪里讨杜鹃花上血来？"

"六月连阴——想他好情儿。"春梅帮助月娘解决了被吴典恩诬陷的案子，陈敬济知道后这样责怪春梅。"情"与"晴"谐音。

第三讲
《红楼梦》中的俗语

一 《红楼梦》概说

《红楼梦》是清代作家曹雪芹创作的章回体长篇小说,又名《石头记》《金玉缘》,中国古典四大名著之。此书分为一百二十回"程本"和八十回"脂本"两种版本系统。新版通行本前八十回据脂本汇校,后四十回据程本汇校,署名"曹雪芹著,无名氏续,程伟元、高鹗整理"。

《红楼梦》的作者曹雪芹先生,名霑,字梦阮,号雪芹,又号芹溪、芹圃,生于雍正二年(1724)。其祖上是清代内务府正白旗"包衣",三四代人任江宁织造郎中。曹雪芹是江宁织造曹寅之孙,出生在南京的江宁织造府内,早年在江宁过了一段锦衣纨绔、富贵风流的生活。至雍正七年（1729），由于受到清廷内部的皇权之争的牵连，曹家获罪，其父被革职入狱，家产被抄没，曹雪芹随家人迁回北京老宅。曹家进京时，曹雪芹时年五岁。当时的内务府将"京城崇文门外蒜市口地区十七间半房、家仆三对，给予曹寅之妻孀妇度命"。曹雪芹后又移居北京西郊，靠卖字画和朋友救济为生。他素性放达，爱好广泛，对金石、诗书、绘画、园林、中医、织补、工艺、饮食等均有所研究。凭借坚忍不拔的意志，历经多年艰辛，终于创作出极具思想性、艺术性的伟大作品《红楼梦》。曹雪芹的一生历经坎坷，从一个贵族子弟而沦落为"举家食粥酒常赊"的落魄文人。晚年在经历了失去独子的悲伤后，没过几个月即撒手人寰，正是"平生遭际实堪伤"。

关于《红楼梦》的版本，可分为两个系统：一是仅流传八十回的脂评抄本系统；一是经程伟元、高鹗整理补缀的一百二十回印本系统。脂评系统的本子，现存十个版本，其祖本都是曹雪芹生前传抄出来的，所以在不同程度上保存了原著的本来面貌；程高系统的本子，基本上只有两种：程甲本和程乙本。程伟元和高鹗于乾隆五十六年(1791)整理出版一百二十回木活字本《红楼梦》，为"程甲本""程乙本"。前八十回的底本也是一个红楼梦抄本，但没有批语。其后四十回有人认为是原本，有人认为是程伟元和高鹗所续，但也有人认为续书者另有其人，程高只是整理者。自此时起至清末，"程甲本"被大量翻印出版，成为当时流传最广的版本。程伟元和高鹗于次年(1792)又出版了"程乙本"。"程乙本"是在"程甲本"的基础上修订的，对前八十回作了大量的修改。此本在清代影响不大，至民国时期方由胡适提倡而成其后数十年主流，至今台湾地区出版的《红楼梦》仍以此本为主。

关于《红楼梦》的语言学研究可谓经久不衰。关于其语法修辞研究，主要见于下列二书：《〈红楼梦〉的语言》，吴竞存编，北京语言学院出版社，1996年出版，349页。收录《红楼梦》语法研究论文十余篇。《红楼梦的语言艺术》，卢兴基、高鸣鸾编，语文出版社，1985年出版，431页。主要是修辞方面的探讨。另有针对《红楼梦》的社会语言学方面的研究，如《红楼梦与礼：社会语言学研究》，王国风著，浙江大学出版社，2011年出版。

关于《红楼梦》中的口语语汇研究，近年成就较大，主要表现在多种《红楼梦》语言辞典的编纂上，大陆近年来出版了不少这方面的语言工具书，不算日本出版的相关著作，按照时间顺序，主要有下列一些：《语言艺术皇冠上的明珠：〈红楼梦〉俗语概说和汇释》，林兴仁著，呼和浩特：内蒙古教育出版社，1986年出版，163页。《红楼梦辞典》，主编：周汝昌，副主编：晁继周；广州：广东人民出版社，1987年出版，844页。(书评参看孙德宣：《〈红楼梦辞典〉评介》，载《中国语文天地》1988年第6期15—16页。)《红楼梦语言词典》，周定一主编，参编者：钟兆华、白维国，北京：商务印书馆，1995年出版，1505页。《〈红楼梦〉四字格辞典》，高增良编著，北京：北京语言文化大学出版社，1996年出版，799页。

《红楼梦成语辞典》,高歌东、张志清编著,天津:天津社会科学院出版社,1997年出版,405页。《红楼梦鉴赏辞典》,孙逊主编,上海:汉语大词典出版社,2005年出版,489页。《〈红楼梦〉方言及难解词词典》,刘心贞编著,北京:东方出版社,2010年出版,582页。《红楼梦大辞典》,冯其庸、李希凡主编,北京:文化艺术出版社,1990年出版。以及同名的《红楼梦大辞典》(增订本),冯其庸、李希凡主编,北京:文化艺术出版社,2010年出版,720页。《红楼梦里的北京土语》,吕长鸣著,北京:中国书籍出版社,2011年出版,437页。《红楼梦鉴赏词典》,裴效维编著,北京:中央编译出版社,2013年出版,520页。《红楼梦与民俗美》,宋德胤著,北京:首都师范大学出版社,2015年出版,235页。该书85—228页是《红楼梦俗语汇释》,就是一部检索红楼梦俗语的工具书。

此中有些辞书并不是专门的语言辞典,表面上看似乎是文学方面的辞书,但是实际上都有专章列有语言部分,值得参考。此外,报章杂志（如《红楼梦学刊》）还有不少对《红楼梦》的口语语汇的考释论文，数量甚多，兹不赘述。本书引征各例，均出自人民文学出版社1954年版。

二 《红楼梦》中的北京话

曹雪芹虽出生在南京，但他却是地地道道的北京人。曹家是满族正白旗，从他的高祖跟随清朝贵族入关后，就成为内务府包衣，而落籍北京，所以这个家族在江南败落后，要"落叶归根"回到北京来。曹雪芹不仅是北京人，他一生的大部分时间都是在北京度过的，最后也是在北京去世的。正是在北京，曹雪芹写出了《红楼梦》这部巨著。

《红楼梦》一书的写作语言中涵盖了极丰富的北京话，突出反映了清代北京话的特色。且由于当时小说的主要读者是"市井小民"，因此书中口语的大量运用，超越了以往的同类作品。早在乾隆末年，周春就在《阅红楼梦随笔·红楼梦评例》中指出，读《红楼梦》要"通官话京腔";稍后张新之也指出,《红楼梦》"书中多用俗谚巧语,皆地道北京语,不杂他处方言,有过僻,间为解释"。近世大学者俞平伯老说:"《红楼梦》里的对话几乎全都是北京话,而且是经作者加工洗练过的北京话,真是生动极了。"著名学者李辰冬在他的《红楼梦研究》在谈到"北京话"的价值时,说道:"以《红楼梦》的文字论,'北京话'给他一种不灭的光荣;然'北京话'也因他而永传不朽了。"齐如山先生,在他的《北京土语》中搜集的两千多个北京土语单词的条目中,约有近百个单词的例句取自于《红楼梦》。由此可见,研究北京话词汇,《红楼梦》一书是必不可少的资料库,它的语汇对于比较与研究近代到现代北京话的语汇变化有着重要的指导作用。

　　《红楼梦》里的明显例证可以使我们更加肯定了其对北京土语词汇的使用。比如,第一人称代词,"咱们"是包括说话人和听话人在内,"我们"则是包括说话人和其他人,不包括听话人。这是北京话所特有的。介词"给"的出现，例如"我转给你瞧"，"明儿挑一个丫头给老太太使唤"。助词"来着"也是清代北京话的特点，如第三回中"你这妹妹原来有玉来着。"第三十三回中"当日你夫妻怎么教训你来着？"其次，还有助词"呢"也是清代北京话里才有的，第二十三回中"你若看了，连饭也不想吃呢！"，第二十四回中"老太太等着你呢"，这个"呢"当时其他方言往往说成"哩"。另外，表示劝阻或禁止的否定副词"别"也是北京话特有的，例如第十九回中"别告诉人，连你也不是"，第四十四回中"你可别多心"。

《红楼梦》里地道的京言京语，虽然到今天已经二百多年了，依然还没走味儿。先说几个单音节的词，饭桌上夹菜，老北京人说"jiān（尖）"，写作"搛"。第四十一回，"贾母笑道：你把茄鲞（xiǎng）搛些喂他。"是说用筷子夹些府里自制的名菜茄鲞，给刘姥姥吃。"凤姐儿又搛了些，放入（刘姥姥）口内。"

"兴"，《红楼梦》书中："你瞧他兴的这样儿，我劝你收着些儿好，太满了就泼出来了。""兴"，要读去声。即（被）宠爱、（被）宠幸的意思，并含有讥讽、褒贬的语气。

北京人把生火叫作"爖火"，即把柴火放在炉子中，点燃后使之引燃煤。"爖"字的来源已久，《玉篇》："鲁红切，音龙；爖，火也。"《红楼梦》里，晴雯数落红玉，就是用的这个"爖"字："你只是疯罢！院子里花儿也不浇，雀儿也不喂，茶炉子也不爖，就在外头逛！"红玉反驳道："昨儿二爷说了，今儿不用浇花……我喂雀儿的时候，姐姐还睡觉呢。""今儿不该我爖的班儿，有茶没茶别问我。"

"擎受"指受赐、承受。如第八十二回："这样好模样儿，除了宝玉，谁擎受得起？"

北京话中有些词语虽然与普通话词形相同，但却意思不同。比如：

"事故儿"，意思是事端。第三十一回："一时我不到，就有事故儿。"

"尺寸"，"尺"读阳平 chí（池），"尺寸"指说话办事掌握的分寸。《红楼梦》书里第五十八回中有"这是尺寸地方"，这里不是指狭小的"方寸之地",是礼数、规矩的意思。

"巴巴儿的",《红楼梦》中王夫人问宝玉想吃什么,宝玉笑道:"也倒不想什么吃,倒是那一回做的那小荷叶儿小莲蓬儿的汤还好些。"凤姐一旁笑道:"听听口味,不算高贵,只是太磨牙了,巴巴儿的想这个吃了。"是特地、专门的意思。

"掉歪",也作"调歪""吊歪",指调皮捣蛋,不听话,想坏主意的人。如《红楼梦》:"我并不是那种吃醋调歪的人,你我三人更加和气。况且有本事的人,未免就有些调歪。"蒙古车王府曲本《青石山》:"他老人家特意的吊歪。"正因为有"捣蛋"的意思,所以有时也说成"掉蛋"。"掉蛋"还含有没准谱儿、主意老变而使人屡屡生厌的意思。比"掉歪""掉蛋"更甚、更厉害些的,是"掉猴儿",如《青石山》:"常与他爹使性子掉猴儿。"

还有北京话所特有的词语,这些词语大部分需要专门的注音和释义。

"搅过",指生活费用、衣食用度、日常开销。

书中例句,"好容易我进来了,正好一心无挂的在里头伏侍姑娘们;姑娘们也便宜,我家里也省些搅过。"有时还写作"嚼用",意思是一样的。

"趣青",是"很青"的意思,指灰绿色,或形容病中的颜色。如第八十四回:"贾母同邢、王二夫人进房来看,只见奶子抱着(巧姐儿),用桃红绫子小绵被儿裹着,脸皮趣青,眉梢鼻翅微有动意。"趣青"的"趣"字,在这里是"很""非常"的意思,表示程度的副词。一般只搭配"青"和"黑",即"趣青""趣黑"。

形容一个人吝啬、小气、特别抠门儿,北京话叫"啬刻"或"啬克""涩克"。这里的"啬"要读阳平 sé,后一个字轻声。如《红楼梦》中:"二叔为人是最啬刻的。"还颠倒使用作"克啬",则"克"要读平声。如:"凡出入银钱事物,一经他手,便克啬异常。"

"韶刀"指言语絮絮不休,更谈不上庄严中正了。如第二十四回"贾芸听他韶刀的不堪,便起身告辞。"

"忒楞楞",是象声词,形容鸟飞的声音。"忒"

一般都儿化"忒儿"，显得更较巧；但有时也可以不儿化，显得更"冲"，直上云天。如："那附近柳枝花朵上的宿鸟栖鸦，一闻此声，俱忒楞楞飞起远避，不忍再听。"

"填还"，意思是"给"，含有先得到了别人的好处，然后给人以报答，或者先给别人以好处，希冀后来得到酬报的意思。它的本义源于牲口特别听从使唤，或者雇工格外替主人出力。如："他们两个为什么苦呢？有了钱也是白填还别人，不如拘了来，咱们乐。"

"行食"，意思是饭后活动，以助消化。如："贾母便下地，和王夫人说闲话行食。"

这样的北京土语词汇在《红楼梦》中不胜枚举。比如："背晦""挨刀的""帮衬""巴结""编派""胳肢窝""不中用""搪搪""在行""张罗""着""真真的"等。还有很多儿化词，如"凤姐儿""环儿""消息儿""取笑儿""名儿""侄儿""昨儿""今儿""明儿"，等等。

《红楼梦》中有这样一句："心里再要买一个，又怕那些牙子家出来的，不干不净。"这里的"牙子家"就是"车船店脚牙"中的"牙"。"车船店脚牙"指五种行业,其中的"牙"是牙行,就是介绍买卖并从中提取佣金的店铺或个人,类似"纤手"(拉纤的)、"捎客",在旧社会常被人看不起。为什么叫"牙"呢?原来"牙"是"互"字的误写,《辍耕录》云:"今人谓驵侩(zāng kuài)者为牙郎,本谓之互郎,谓主互市也。唐人书互作牙,互与牙字相似,因讹为牙耳。"历史上有名的安禄山,就曾为"互市牙郎"(《旧唐书·本传》)。牙行、牙子、牙郎、牙婆(介绍买卖人口的妇女),甚至再文一点儿的驵侩,都是比较老的词儿,现时已然不用了,但在古典文学作品里却常出现。如《古今小说》:"看官你说,从来做牙婆的,那个不贪钱钞?见了这般黄白之物如何不动火?"《醒世恒言》:"那市上两岸绸丝牙行,约有千百余家,远近村坊织成绸匹,俱到此上市。"牙行的规矩,有"成三破二"之说,即从买方(成)提取百分之三的佣金,从卖方(破)提取百分之二的佣金,合计百分之五;成交额越大,提取的佣金也就越多。

《红楼梦》第六十四回中"(宝玉)看时,只见西边炕上麝月、秋纹、碧痕、紫绡等正在那里抓子儿赢瓜子儿呢。""抓"于此处不读本音,应读 chuā,"抓子儿"是小孩儿们经常玩儿的一种游戏,即以数粒杏核或桃核、布包、石子或羊拐骨,置于手中,上下按掷,比赛手眼捷敏,以论胜负。虽不是赌博,但因为要论输赢,所以也应当设注,如吃的零食、糖果、瓜子之类。书中接写"却是芳官输与晴雯,芳官不肯叫打,跑了出去。"这"抓子儿"除了以糖豆儿、瓜干儿作注外,还可以被挠手心儿、打手板儿、弹脑锛儿等作为惩罚。北京、天津一带的人还常说"抓(chuā)空儿",是抽时间的意思。

此外,书中还使用了很多在北京地区流传的俗语。如"白刀子进去,红刀子出来""夯雀儿先飞""九国贩骆驼""和尚无儿孝子多""含着骨头露着肉""三人抬不过个理字去""打墙也是动土""大萝卜还用屎浇""清水下杂面,你吃我看见""提着影戏人子上场儿,好歹别戳破这层纸儿""梅香拜把子,都是奴才""耗子尾巴上长疮,多少脓血儿",等等。

《红楼梦》与北京千丝万缕的联系,还可以从其中地名中得以考证。第七回中提到"水月庵"。书中说它在京城郊外,确切无疑。第二十三回中提到"西廊下"。这条胡同始见于乾隆《京城全图》,地点在阜成门大街北。《京城全图》只此一处西廊下。清代于敏中等著的《日下旧闻考》卷二十五"朝天宫"的按语云:"朝天宫本元代旧址,盛于明嘉靖时,毁于天启年间。今阜成门东北虽有宫门口、东廊下、西廊下之名,其时周回数里,大半为民居矣。"书中贾琏称贾芸为"西廊下五嫂子的儿子芸儿"。第二十九回中提到"清虚观"。清代朱一新的《京师坊巷志稿》记在旧鼓楼大街,仅此一处。今虽将其所在胡同改名为清秀巷,但老北京人仍习惯叫清虚观。第三十二回中提到"兴隆街"。周汝昌的《红楼梦新证》第四章第一节《南北东西》中讲:"燕京共有五个兴隆街:一在东郊,三个都在外城,只有一个是内城的,是现在和平门以北,南通大栅栏，北通横街二条，也是西城。但在内务府会计司与慎刑司之间有兴隆寺和兴隆胡同。"第四十七回中提到"关厢"。指城门外大街及相关地区。清代法式善的《陶庐杂录》卷五："明洪武十四年（1381）令天下编黄册，在城曰坊，近城约厢，乡都约里。"第五十七回中提到"鼓楼西大街"。即今德胜门到铁影壁胡同一段。清代吴长元《宸垣识略》卷六："鼓楼在地安门北金台坊，旧明齐政楼，元建。西斜街临海子，率多歌台酒馆，有望湖亭，昔日皆贵官游赏之地。"第六十四回中提到"小花枝巷"。周汝昌的《红楼梦新证》第四章第一节《南北东西》中讲："在护国寺街以北不太远，就有一条花枝胡同，北通三不老胡同，右侧即是宝玉出北门的大道——德胜门大街。'小花枝巷'就像花枝胡同。"第八十回中提到"天齐庙"。天齐庙，宝玉"梳洗穿戴已毕，随了两三个嬷嬷坐车出城西门外天齐庙来烧香还愿。"北京有两处：一说在朝阳门外（有人说东岳庙即天齐庙），一说在西郊红山口。

三 《红楼梦》中的俗语

"不当家花花的",有敬慎、不敢、造次、告罪的意思,即感觉是说出来也有罪。"不当家",也就是"不当价"。在明代刘侗《帝京景物略》中说:"不当价,如吴语云罪过。"就是不当、不应该的意思,"价"是语助词,无义。如第二十八回,"阿弥陀佛!不当家花花的!就是坟里有这个,人家死了几百年,这会子翻尸盗骨的,做了药也不灵。"这是王夫人听宝玉说,要用死人头上的珍珠宝石配药,自己感叹,"不当家花花的",含"真是造孽、罪过呀"的意思。"不当家"加上助词"花拉的""花花的"。"花花"与"家"一样,都是表示程度轻重,没有实在意义。

"不防头",即冒失、转为不着调、不适当。例如:"宝叔,你侄儿倘或言语不防头,你千万看着我,不要理他。""不防头",此处是说宝玉初会秦钟,秦可卿要在宝玉面前,替自己的弟弟周到几句:以后有个言语不周、冒犯之处,请多包涵。并没有"不留神"的意思。

"车箍（轱）辘会"，意思是请朋友吃饭，轮流做东，像车轱辘旋转一样，一遍又一遍，周而复始，谁都不白吃谁。如书中，"有时找了几个朋友，吃个车箍辘会。"

"锯了嘴子的葫芦"，是"没口齿"的意思。例如第六十八回："你又没才干，又没口齿，锯了嘴子的葫芦，只就会一味加小心，应贤良的名儿。

"水蛇腰儿"，"腰"字必须儿化。《国语辞典》解释作"腰部微偻者"，台湾地区出版的《中文大辞典》谓"腰部纤细而微偻者也"，《现代汉语词典》说得更明白："指细长而腰部略弯的身材。"其实，"水蛇腰儿"并非指腰，或腰部的什么毛病，而是指脖颈以下的脊背微驼。在刘宝瑞先生的相声《官场斗》里，也介绍刘墉并非"罗锅儿"，而是"水蛇腰"，即微微驼背。大观园里，林妹妹和晴雯姐，都是水蛇腰儿，林黛玉的水蛇腰，是因常年咳嗽（肺病）所致也。在过去，认为"水蛇腰"是女人的一种美态。

"涎皮赖脸"，意思是厚脸无赖的样子。例如：

"谁同你拉拉扯扯的？一天大似一天的，还这么涎皮赖脸的，连个道理也不知道！"

"垫喘儿"也说"垫喘窝儿"，意思是受过、迁怒。如："何苦来拿我们这些没要紧的垫喘儿呢？""你们两个人不睦，又拿我来垫喘儿。""赵姨娘见他这般，因问：'是那里垫了喘窝儿来了？'贾环便说：'同宝姐姐玩来着，莺儿欺负我，赖我的钱，宝玉哥哥撵了我来了。'"

"胡打海摔"，是指任意摔打，但非真的动手摔打，是借用这两个字，表示锻炼、历练，经风雨见世面。如："他比不得咱们家的孩子们，胡打海摔的惯了，人家的孩子都是斯斯文文惯了的。"

"嚼舌头"或"嚼舌根子"，即讥笑，说闲话。如："再遇见那样脏心烂肺的爱多管闲事嚼舌头的人，吵嚷到那府里，背地嚼舌，说咱们这边混账。"

"耳旁风"，指叮嘱他人的话没有得到重视。如第八回："黛玉一面接了，抱在怀中，笑道：'也亏你到听他的话！我平日和你说的，全当耳旁风，怎么他说了你就依，比圣旨还快些。'"

"没吃过猪肉也看见过猪跑"，指虽然需要处理的事情，自己没有亲身经历过，但是也曾见过别人处理也有些感性的认识。例如："贾蓉在身旁灯影下悄拉凤姐的衣襟，凤姐会意，因笑道：'你也太操心了，难道大爷比咱们还不会用人？偏你又怕他不在行了。谁都是在行的？孩子们已经长的这么大了，没吃过猪肉，也看见过猪跑。'"

"摇车里的爷爷，拄拐杖的孙子"，在大的家族中，家族成员里会出现年龄很小、但辈分很高，或年纪较大、但辈分较小的现象。如第二十四回："原来这贾芸最伶俐乖觉的，听宝玉这样说便笑道：'俗话说的，摇车里的爷爷，拄拐杖的孙子。虽然年纪大，山高高不过太阳。只从我父亲没了，这几年也没人照管教导，如若宝叔不嫌侄儿蠢笨，认作儿子，就是我的造化了。'"

"清水下杂面，你吃我看见"，表示自己的问题看得十分清楚的意思。第六十五回："尤三姐站在炕上，指贾琏笑道：'你不用和我花马掉嘴的！咱们清水下面，你吃我看见。提着影戏子上场儿，好歹别戳破这层纸儿。'"

"前人洒土，迷了后人的眼"，指不要因为自己做事不当，使别人笑话，后人仿效的意思。例如第七十二回："凤姐听了，自笑起来：'不是我着急，你说的话戳人的心。我因为我想着后日是尤二姐的周年，我们好了一场，虽不能别的，到底给她上个坟，烧张纸，也是姊妹一场。她虽没个留下个男女，也要前人洒土，迷了后人的眼才是。'"

"蝎蝎螫螫"，即"遮遮歇歇"或"歇歇遮遮"，是过分小心谨慎、惊怪，或小题大做的意思。如："这不过是肺火上炎，带出一半点儿来，也是常事。偏是云丫头，不拘什么，就这样蝎蝎螫螫的。"又如第五十一回："晴雯忙回身起来，笑道：'那里就唬死了他？偏你惯会这蝎蝎螫螫，老婆汉像的。'""蝎蝎螫螫"是"沉不住气""惊怪不安"的意思。"老婆汉像的"是说明明是汉子而又婆婆妈妈的样子。

"牡丹虽好，全仗绿叶扶持"，意思是说一个人的能力再大，如果想取得成功，也需要他人支持帮助。如第一百一十回："独有李纨瞧出凤姐的苦处，却不敢替她说话，只自叹道：'牡丹虽好，全仗绿叶扶持。太太们不亏的凤丫头，那些人还帮着吗？'"

"见怪不怪，其怪自败"，发现一些奇异的怪事怪物时，不要惊慌，不理睬他，使之没有兴风作浪的环境，他也就自然消失了。第九十四回："见怪不怪，其怪自败。不用管他，随他去就是了。"

"嘴甜心苦，两面三刀"，意思是当面一套，背后一套。嘴里说的很好听，但背后却做有损他人的事情。第六十五回："兴儿连忙摇手，说：'奶奶千万别去！我告诉奶奶，一辈子不见他才好呢。嘴甜心苦，两面三刀。上头笑着，脚底下就使绊子。明是一盆火，暗是一把刀，他都占全了。只怕三姨儿这张嘴还说不过他呢，奶奶这么斯文良善人，哪里是他的对手？'"

"治一经损一经"，中国医学对治疗疾病的

辩证理论，表示任何事情不可能面面俱到，迎合这一方必然得罪那一方，有一德必有一失。第七十一回："鸳鸯道：'罢哟，还提凤丫头虎丫头呢，他也可怜见儿的。虽然这几年没有在老太太、太太跟前有个错缝儿，暗里也不知得罪了多少人。总而言之，为人是难做的：若太老实了，没有个机变，公婆又嫌太老实了，家里人也不怕；若有些机变，未免又治一经损一经。'"

"有一搭没一搭"，指无话找话说的意思。第十九回："宝玉有一搭没一搭地说些鬼话，黛玉只不理。"

"一个衣包里爬出来的"，意思是指一个母亲生养的孩子。第七十七回："周瑞家的等人皆各有事务，作这些事便是不得已了，况且又深恨他们素日大样，如今那里有功夫听他的话，因冷笑道：'我劝你走罢，别拉拉扯扯的了。我们还有正经事呢。谁是你一个衣包里爬出来的，辞他们作什么，他们看你的笑声还看不了呢。你不过是挨一会是一会罢了，难道就算了不成？

依我说快走吧。'"

"鸦没雀静的",意思是一点儿声音也没有。第五十回:"凤姐儿笑道:'我那里是孝敬的心找了来。我因为到了老祖宗那里,鸦没雀静的,问小丫头子们,他又不肯说,叫我找到园里来。'"

"窝里发炮",意思是指自己家中闹矛盾。第六十一回:"平儿笑道:'谁不知是这个缘故。但今玉钏儿急的哭,悄悄问着他,他应了,玉钏也罢了,大家也就混着不问了。难道我们好意兜揽这事不成!可恨彩云不但不应,他还挤玉钏儿,说他偷了去了。两个人窝里发炮,先吵的合府皆知,我们如何装没事人?少不得要查的。除不知告失盗道的就是贼,没有赃证,怎么说他?'"

"胳膊折了往袖子里藏",意思是说家丑不可外扬。第七回:"焦大越发连贾珍都说出来,乱嚷乱叫说:'我要往祠堂里哭太爷去,那里承望到如今生下这些畜牲来!每日家偷狗戏鸡,爬灰的爬灰,养小叔子的养小叔子,我什么不知道?咱们胳膊折了往袖子里藏!'"

"九国贩骆驼的"，古时去西域九国贩卖骆驼的商人要十分精明，并且善于四处打探信息，捕捉商机。意思是形容人善于钻营，使用时多为贬义。第四十六回："鸳鸯道：'这个娼妇，专管是个九国贩骆驼的，听了这话他有个不奉承去的！'"

"锥子扎不出一声儿来"，锥子扎到身上也不言语，表示这个人性格内向不愿意说话。第二十七回："林之孝两口子，都是锥子扎不出一声儿来的。我成日家说，他们倒是配就了的一对夫妻：一个天聋，一个地哑。那里承望养出这么个伶俐丫头来！"

"带出幌子来"，幌子是老北京的商家，在店铺前面悬挂的商店或所售商品的标志。意思是说一个人身上残留的某些印迹或痕迹就表明了他曾经做过的事情。第十九回："黛玉边用自己的帕子替他擦拭掉。口内说道：'你又干这些事了。干也罢了，必定还要带出幌子来。就是舅舅看不见，别人看见了，又当奇事新鲜话儿去学舌讨好儿，吹到舅舅耳朵，又该大家不干净惹气。'"

"大萝卜还用屎浇",取"浇"的谐音为"教",意思是说自己能处理,用不着别人来教。内含有对方多嘴,装明白的意思。第一百零一回:"贾琏道:'是了,知道了。大萝卜还用屎浇?'"

"妖妖翘翘",是形容妇女之不正,故意作态。书中第七十四回:"他就立起两个骚眼睛来骂人,妖妖翘翘,大不成个体统。""翘"音qiāo,从字义上讲,足上举谓之翘,多用在妇人身上。如《水浒全传》:"只见那妇人尖尖的一双小脚儿翘在箾边。"《金瓶梅词话》:"往下看,尖翘翘金莲小脚。"多为不正经之妇女也。

"打墙也是动土",虽然只是夯筑墙体,但也算是建筑工程。意思是说自己所做的事既然别人已经知道了,干脆就放开了,不必遮掩了。第二十九回:"凤姐又说:'打墙也是动土,已经惊动了人,今儿乐得还去逛逛。'"

"打老鼠伤了玉瓶",追打老鼠,碰坏了旁边的器物。意思是说想打击坏人,但又顾及与他相关联的好人。第六十一回:"平儿笑道:'这也倒是小事。如今就打赵姨娘屋里起了赃来也容易。我只怕又伤着一个好人的体面。别人都别管,这一个人岂不又生气?我可怜的是他,不肯为打老鼠伤了玉瓶。'"

"成人不自在,自在不成人",人要取得成就,就必须付出刻苦的努力。如果贪图安逸,就无法做出成绩,取得成功。第八十二回:"再念一个月文章,以后我要出题目叫你做文章了。如若懈怠,我是断乎不依的。自古道:成人不自在,自在不成人。你好生记着我的话。"

"店房也有个主人,庙里也有个住持",意思是任何部门都有主事的人,所以需要对这些主事的人保持足够的尊重。第四十八回:"宝钗道:'这才是正理。店房也有个主人,庙里也有个住持。虽不是大事,到底告诉一声。便是园里坐更上夜的人,知道添了他两个,也好关门候户的了。'"

"吃着自己的饭,替人家赶獐子",意思是吃里爬外,放着自家的事情不做,外出替人家做事情。第一百零一回:"贾琏嚷道:'我可不吃着自己的饭，替人家赶獐子呢。我这里一大堆的事，没个动秤儿的；没来由，为人家的是瞎闹了这些日子，当什么呢！正经那有事的人还在家里受用，死活不知；还听见说要锣鼓喧天的摆酒唱戏做生日呢！我可瞎跑他娘的腿子！'"

"赖狗扶不上墙"，意思是别人想帮助，但是由于自身的素质较差，又不求上进，所以任何外力的帮助都起不了作用。第六十八回："凤姐气的骂：'赖狗扶不上墙的种子。你细细的说给他：便告我们家谋反也没事！不过是借他一闹，大家没脸。若告大了，我这里自然能够平息的。'"

"老鸹窝里出凤凰"，乌鸦的窝里飞出了凤凰，意思是说在条件很差的环境中，也可以产生十分杰出的人物。第六十五回："兴儿笑道：'玫瑰花又红又香，无人不爱，只是有刺扎手。这也是一位神道，可惜不是太太养的，老鸹窝里出凤凰。'"

"焦了尾巴梢子了"，意思是指没有后嗣。

第一百一十七回:"众人道:'大凡做个人,原要厚道些。看凤姑娘仗着老太太这样的厉害,如今焦了尾巴梢子了,只剩下一个姐儿,只怕也要现世现报呢。'"

"和尚无儿孝子多",意思是常多为他人做好事、做善事的人,会得到他人的更多的关照。第八十五回:"宝玉也觉得了,便道:'这倒难讲,俗语说:和尚无儿孝子多着呢,我只是看着他还伶俐,得人心儿,才这么着,他不愿意,我还不稀罕呢。'"

"黑母鸡一窝儿",黑色的鸡凑在一个鸡窝里,分辨不出来彼此。意思是说彼此之间臭味相投,结为一团。第六十五回:"如今连他正经婆婆、大太太都嫌了他,说他雀儿拣着旺处飞,黑母鸡一窝儿,自家的事不管,倒替人家去瞎张罗。若不是老太太在头里,早叫过他去了。"

"当家人,恶水缸",意思是说主持全面事务的人,若想不出问题必然要得罪人,名声也就必然受损。第六十八回:"妹妹想,自古说的:当家人,恶水缸。我要真有不容人的地方儿,上头三层公婆，当中有好几位姐姐、妹妹、妯娌们，怎么容的我到今儿？"

"当着矮人，别说短话"，意思是说话时要注意，谈话内容千万不要涉及旁听者的缺陷、忌讳，以避免影射的嫌疑。有时使用这个俗语时有挑拨离间的意思。第四十六回："他嫂子脸上下不来，因说道：'愿意不愿意你也好说，不犯着牵三挂四的。俗语说：当着矮人，别说短话，姑奶奶骂我，我不敢还言；这二位姑娘并没惹着你，小老婆长，小老婆短，人家脸上怎么过的去？'"

"宁撞金钟一下，不打破鼓三千"，意思是遇到困难时，必须想尽办法寻找能真正解决问题的人。不要到处胡乱求人。第七十二回："贾琏笑道：'不是我扯谎，若论除了姐姐，谁还有人手里管得起千数两银子的东西；也只因他们为人都不如姐姐明白有胆量，我若合他们一说，反吓住了他们，所以我宁撞金钟一下，不打破鼓三千。'"

"牛不喝水强按头"，意思是说用高压的手

段，强迫对方就范。并含有坚决不就范的意思。第四十六回："鸳鸯道：'家生女儿怎么样？牛不喝水强按头？我不愿意，难道杀我的老子娘不成！'"

"胖子也不是一口儿吃的"，意思是做任何事情都应该按照其自身的规律进行，不能一蹴而就。第八十四回："贾母道：'你们时常叫他出去作诗作文，难道他都没作上来么？小孩子家慢慢的教导他。可是人家说：胖子也不是一口儿吃的。'"

"三人抬不过个理字去"，意思是说即使人再多，势力再大，也要讲道理，以理服人。第六十五回："兴儿道：'就是俗语说的，三人抬不过个理字去了。这平姑娘原是他自幼儿的丫头。'"

"山高高不过太阳"，按照中国的传统伦理，一个人在家族中的地位高低，不是看年纪或者成就，而是要看辈分。一个人在家族中哪怕年纪小，只要其辈分高，辈分低的人都必须要尊重他。如第二十四回："原来这贾芸最伶俐乖觉的，听宝玉这样说便笑道：'俗话说的，摇车里的爷爷，拄拐杖的孙子。虽然年纪大，山高高不过太阳。……如若宝叔不嫌侄儿蠢笨，认作儿子，就是我的造化了。'"

"瘦死的骆驼比马大"，由于骆驼的体型明显大于马，所以即使因瘦弱而死的骆驼也比马的个头儿大。这句话的意思是说，富裕的家庭即使是衰败了，遇到困难了，但是由于家底的厚实，因此也比一般的家庭有实力、生活条件好。第六回："那刘姥姥先听见告艰难，只当是没有，心里便突突的，后来听见给他二十两，喜的又浑身发痒起来，说道：'嗳，我也是知道艰难的。但俗语说的瘦死的骆驼比马大，凭他怎样，你老拔根毛比我们腰还粗呢！'"

"丢下耙儿弄扫帚"，意思是指事情很多，没完没了，做完这件事又去做另一件事。有做事抓不住重点要害的意思。第四十七回："他逼着你去杀人，你也杀去？如今你也想想：你兄弟媳妇，本来老实，又生的多病多痛，上上下下，那不是他操心？你一个媳妇，虽然帮着，也是天天丢下耙儿弄扫帚。凡百事情，我如今自己减了。他们两个就有些不到的去处，有鸳鸯那孩子还心细些，我的事情，他还想着一点：该要去的，他就要了来。该添什么的，他瞅空儿告诉他们添了。"

"上头笑着，脚底下就使绊子"，意思是说人品非常坏，虽然在明处对人微笑、表示友好，但是却在暗地里陷害对方。第六十五回："兴儿连忙摇手，说：'……一辈子不见他才好呢。嘴甜心苦，两面三刀。上头笑着，脚底下就使绊子。明是一盆火，暗是一把刀，他都占全了。只怕三姨儿这张嘴还说不过他呢，奶奶这么斯文良善人，哪里是他的对手？'"

"谁蒸下馒头等着你，怕冷了不成"，意思是在责怪对方着急离去。第二十六回："小红向外问道：'到底是谁的？也等不的说完就跑。谁蒸下馒头等着你，怕冷了不成？'"

"偷的锣鼓儿打不得"，意思是由于物件来路不明或所做之事不符合社会道德规范，所以不敢声张。第六十五回："你别油蒙了心，打量我们不知道你府上的事！这会子花了几个臭钱，你们哥儿俩，拿着我们姐儿两个权当粉头来取乐儿，你们就打错了算盘了。我也知道你那老婆太难缠。如今把我姐姐拐了来做了二房，偷的锣鼓儿打不得。我也要会会那凤奶奶去，看他是几个脑袋？几只手？若大家好取和便罢，倘若有一点叫人过不去，我有本事先把你两个的牛黄狗宝掏了出来，再和那泼妇拼了这命！"

《红楼梦》中的还有很多精彩的歇后语：

"梅香拜把子，都是奴儿"，旧时大家族中使用的奴婢多取名为"梅""香"等俗名。"拜把子"即人与人之间为了相互照顾，结为无血缘的兄弟姐妹。旧时等级森严，相互结拜者，多为身份相同的人。丫头一般只能和自己身份相当的人结拜为姐妹。例如第六十回芳官说："姨奶奶犯不着来骂我，我又不是姨奶奶家买的。梅香拜把子，都是奴儿罢咧，这是何苦来呢！"赵姨娘虽表面贵为姨奶奶，但其身份依然是"奴才"。

"金簪子掉在井里头，有你的只是有你的"，意思是只要是你的,哪怕是掉在井里头,也能捞回来;不是你的,在你手里也会丢掉。第五十五回:"金钏儿睁开眼,将宝玉一推,笑道:'你忙什么?金簪儿掉在井里头,有你的只是有你的。连这句俗语难道也不明白?我告诉你个巧方儿,你往东小院儿里头拿环哥儿和彩云去。'"

"丈八的灯台,照见人家,照不见自家",无论灯台多高,灯下总是有阴影的。意思是只看见别人的问题,看不见自己的问题。第十九回:"偏奶母李嬷嬷拄拐进来请安,瞧瞧宝玉,见宝玉不在家,丫鬟们只顾玩闹,十分看不过。因叹道:'自从我出去了,不大进来。你们越发没个样儿了,别的妈妈们越不敢说你们了。那宝玉是个丈八的灯台,照见人家,照不见自家的,只知嫌人家脏,这是他的屋子,由着你们糟蹋,越不成体统了。'"

"黄柏木作磬槌子,外头体面里头苦",黄柏木味苦,用黄柏木做成庙堂之上击磬的槌子,意思是外表看起来十分体面、光彩,可是内里有很多难言之隐。第五十三回:"贾珍笑道:'所以他们庄家老实人,外明不知里暗的事,黄柏木做了磬槌子,外头体面里头苦。'"

"黄鹰抓住了鹞子的脚,扣了环了",相互缠绕到了一起,意思是说两个人关系很好,难以分舍。第三十回:"凤姐笑道:'我说他们不用人费心,自己就会好的,老祖宗不信,一定叫我去说和。我及至到了那里要说和,谁知两个人到在一处对赔不是了,对笑、对诉、倒像黄鹰抓住了鹞子的脚,两个都扣了环了!那里还要人去说和。'"

"仓老鼠和老鸹去借粮,守着的没有,飞着的有",求别人办事的时候,没有找到真正有解决能力的人。第六十一回:"可是你舅母姨娘两三个亲戚都管着,怎么不和他们要的,倒和我来要?这可是仓老鼠和老鸹去借粮,守着的没有,飞着的有。"

"聋子放炮仗,散了",炮仗响了以后,聋子听不到声音,只看到炮仗散了。借其谐音表示聚会应该散了。第五十四回:"凤姐笑道:'外头已经四更多了,依我说老祖宗也乏了,咱们也该聋子放炮仗,散了罢。'"

"提着影戏人子上场,好歹别戳破这层纸儿",北方的皮影戏在表演的时候,演员和观众之间有一层幕布,利用灯光,将人物的影像投影到幕布上。幕布如果破了,皮影戏就没法表演。这句话的意思是说大家心里都清楚,明白是怎么一回事儿,只是都不去说破它。第六十五回:"尤三姐站在炕上,指贾琏笑道:'你不用和我花马掉嘴的!咱们清水下面,你吃我看见。提着影戏子上场儿,好歹别戳破这层纸儿。'"

"耗子尾巴上长疮,多少脓血儿",老鼠的尾巴很小,即使长了疮,也没有多少脓血。意思是说自己能力很小。第六十八回:"你兄弟又不在家,又没个商量,少不得拿钱去垫补。谁知越使钱越叫人拿住刀靶,越发来讹。我是耗子尾巴上长疮,多少脓血儿。所以又急又气,少不得来找嫂子。"

其他精彩的歇后语还有:"站干岸——不沾事(湿)""推倒油瓶不扶——懒到家了""狗

咬吕洞宾——不识好歹""千里搭长棚——没有个不散的筵席""宋徽宗的鹰,赵子昂的马——都是好画儿""状元痘儿灌的浆儿——又满是喜事""顶梁骨走了真魂——吓得要命""锯了嘴子的葫芦——没口齿""小葱拌豆腐——清的清,白的白""可着头做帽子——要一点富余也不能""羊群里跑出骆驼来了——就只你大""含着骨头露着肉——吞吞吐吐"等,兹不赘述。

第四讲

《儿女英雄传》中的俗语

一 《儿女英雄传》概说

《儿女英雄传》又名《日下新书》,由清代满族文学家文康所著,是我国小说史上最早出现的一部熔侠义与言情于一炉的社会小说。讲述的是安学海父子的仕途生活,描绘了整个社会特别是官场的腐败和黑暗。作者以酣畅的文人笔墨,仿照说书人的口气撰写,运用适合民众口味的口头语言,采纳地道的方言土语和俚俗民谚。以其独特的艺术魅力赢得广大读者的好评影响之大,自不待言。原书53回,现存世41回。

小说的作者文康,字铁仙,一字悔庵,姓

费莫,号燕北闲人,满族镶红旗人。关于文康的生卒仕履现存资料中直接的记载不多,现可考的有限。可以推知文康生于嘉庆三年(1798)左右,卒于同治五年(1866)之后,以费莫氏镶红旗籍人,不由科第进取,出赀捐纳,为管理蒙古、新疆、西藏少数民族地区事务的部级机构——理藩院外郎(副郎)。关于其生平,在诗词赠答和序跋中偶有提及。《儿女英雄传》序跋题识有三:光绪四年(1878)初印本中的"马从善的序",原载序文假托"雍正年观鉴我斋序"以及"乾隆甲寅东海吾了翁题识"。"马从善的序"是迄今所见最早为《儿女英雄传》所做的序。据马从善序记载:"《儿女英雄传》一书,文铁仙先生康所作也。先生为故大学士勒文襄公(保)次孙,以赀为理藩院中郎,出为郡守,洊擢观察,丁忧旋里,特起为驻藏大臣,以疾不果行,遂卒于家。先生少席家世余荫,门第之盛,无有伦比。晚年诸子不肖,家道中落;先时遗物斥卖,略尽。先生块处一室,笔墨之外无长物,故着此书以自遣。"马从善久在文康家作馆,故其说法大致可信。

文康晚年诸子不肖,家道中落,于是开始撰写《儿女英雄传》,这与曹雪芹撰写《红楼梦》颇为相似。文康的家庭,可谓"贵显",称得上是"簪缨门第,鼎盛之家",其显赫程度,较之曹公雪芹也有荣之而无不及。

关于《儿女英雄传》的代表性版本据知有三种,即

1.《儿女英雄传》三十九回钞本 一函十八册 在国家图书馆分馆藏。

2.《儿女英雄传》光绪四年刊本 北京隆福寺聚珍堂书房 木活字本。

3.《儿女英雄传》光绪六年刊本 北京隆福寺聚珍堂书房 木活字本。

由齐鲁书社 1989 年出版的"还读我书室主人评"《儿女英雄传》上、下册(董恂评,尔弓校释)依据的是光绪六年刊本。跟其他的版本比较时称"齐鲁书社本"。

人民文学出版社 1983 年出版的《儿女英雄传》弥松颐校注本是以光绪六年(1880)北京

聚珍堂活字本《还读我书室主人评〈儿女英雄传〉》为底本，删去评语，以光绪四年(1878)聚珍堂初印活字本《儿女英雄传》为主要校本，并以北京图书馆藏旧钞三十九回残本《儿女英雄传》参校排印。齐鲁书社1990年出版的文康著董恂评尔弓（即弥松颐先生）校释的《儿女英雄传》则是以光绪六年(1880)北京聚珍堂活字本《还读我书室主人评儿女英雄传》为底本刊印，注释较人民文学出版社1983年本大为增加。齐鲁书社本可以说是弥先生关于《儿女英雄传》口语词汇注释研究的代表作。以这两种本子作对照，则几乎涵盖了之前的较有影响的原本，并且都保留了其中的方言土语，具有重要的研究价值。首都师范大学2014年影印出版的《明、清、民国时期珍稀老北京话历史文献整理与研究》丛刊影印了1、2这两种珍贵版本。版本的不同关系到口语词的写法，所以这个问题很重要。齐鲁书社本弥松颐先生在该书的"后记"中，通过对比各版本间词汇不同，证明〈三十九回钞本〉是更接近（或者"就是"）文康原本的一个佳善之本。通过分别列举〈三十九回钞本〉和〈光绪四年本〉一致，但不同于〈光绪六年本〉的例子；〈光绪四年本〉和〈光绪六年本〉一致，但不同于〈三十九回钞本〉的例子；〈三十九回钞本〉和〈光绪六年本〉一致，但不同于〈光绪四年本〉的例子，说明钞本较之各印本在文字精确、完整和没有夺字方面更为佳。人民文学出版社2014年出版的弥松颐《儿女英雄传》新校注本在齐鲁书社本的基础上，解释的口语词更多，更准确，并纠正了不少此前版本注释的错误。

《儿女英雄传》作为一部书写侠义言情的社会小说，其语言兼具方言土语、俚俗民谚，口语化程度较高。这部书在艺术技巧以及语言学研究方面的价值是极高的，胡适曾称其为"绝好的京语教科书"，其所具有的语料价值由此可见一斑。同时，这也是一部晚清社会的百科全书，于时代特色、民情风俗、科举考场、世家礼仪、市井游民、衣饰装点、起居服色等，均有明确的生活依据。本书引征各例，均出自人民文学出版社1983年版弥松颐校注版。

二 《儿女英雄传》中的北京话

《儿女英雄传》和《红楼梦》同是潦倒旗人所作小说，同是采用北京话，同是极具文采。但《儿女英雄传》却更朗朗上口，因为这部书的语言更接近平民语言，口语化更强。

在五四新文化运动中提倡"国语""注音"的钱玄同先生就非常爱读《儿女英雄传》，而且是倒背如流。钱锺书先生对这部书有如龚定庵的所谓"别好"，并且在其著作《管锥编增订》和《七缀集》中几次引用原书。龚千炎先生说过："我们研究《儿女英雄传》的语言，可以上窥《红楼梦》的语言，下探当代的北京话，从中看出近代汉语（北京话）发展的脉络，现代北京话的源头，以及现代汉语文学语言的形成。"（龚千炎《〈儿女英雄传〉是〈红楼梦〉通向现代北京话的中途站》，《语言研究》，1994年第1期，第27页。）

《儿女英雄传》的语言研究一直是清代北京话研究的重点。从20世纪80年代初，专家学者们对其的研究逐渐兴起，1994年出现了第一本从语言学角度研究《儿女英雄传》的专著：龚千炎编《〈儿女英雄传〉虚词例汇》。针对《儿女英雄传》的词汇研究，代表性的人物当推弥松颐先生。1981年，弥松颐先生在《中国语文》上发表了一篇题为《〈儿女英雄传〉语汇释》的文章，对《儿女英雄传》中一部分难懂的老北京语汇进行考释。1983年，人民文学出版社出版了弥松颐注《儿女英雄传》。弥松颐先生毕生致力于《儿女英雄传》的版本和语言研究，他虽然没有出版这方面的专著，但相关大小论文有数十篇之多。

《儿女英雄传》的作者选用了很多极俗的老北京俚语，使语言生动而又充满"土腥味儿"。胡适评价《儿女英雄传》的语言，认为"他的特别长处在于语言的生动、漂亮、俏皮、诙谐有风趣"。而这种生动、漂亮、俏皮、诙谐有风趣之感正是来自于地道的北京话。

试看第三十八回:那个胖女人却也觉得有些脸上下不来,口听他口里嘈嘈道:"那儿呀!才刚不是我们大伙儿打娘娘殿里出来吗,瞧见你一个人仰着个颏儿尽着瞅着那碑上头,我只打量那上头有甚么希希罕儿呢,也仰着个颏儿往上瞧。一头儿往前走,谁知脚底下横不楞子爬着条浪狗,叫我一脚就造了他爪子上了。要不亏我躲的溜扫,一把抓住你,不是叫他敬我一乖乖,准是我自己闹个嘴吃屎!你还说呢!"这段话可能需要一些注释和注音才能使今天的读者明白它的意思。"脸上下不来",即不好意思、难为情的样子。"嘈嘈",原是象声词,读zāozao,形容声音纷杂惹厌。"才刚",即刚才。"颏儿",音kér,即下巴、下巴颏儿。"尽着",音jǐn zhe,副词,老是、总是、一个劲儿地。"希希罕儿",读作xīn xin hǎnr,新奇少见的物事。"横不楞子"读作héng bu lēng zi,或héng·bu láng zi,横放着、横躺竖卧的意思,挡住了去路,有不满意、讨厌的情绪。"浪狗","浪"为放荡意,凡加"浪"字者,即是骂人的话。"造",

踏。"溜扫",读作 liù sou,利索,麻利,快当。"乖乖",指两腮、嘴巴,说人跌撞得很厉害,叫"脑眼儿青乖乖肿",小孩亲嘴儿,叫"要乖乖""敬一乖乖",即咬了一嘴。"嘴吃屎",即嘴啃地摔一跤。句中的"一把抓住你",这个"你"不是指对方,乃是指自己、我。《儿女英雄传》的语言之通俗,由此可见一斑。

其实这些地道的北京俚语,早在元代杂剧里,就大量地使用了。然而在《红楼梦》里,却是找不到的。同样是旗人所写的小说,在口语的使用上,曹雪芹就没有这么开放。《儿女英雄传》的书中这样极具老北京特色的词语不胜枚举。试举几例:

象声词,如"忒儿喽",意思是用鼻子或嘴把液体或食物吸进去时的声音,"安老爷却就着那五样佳肴,把一碗面忒儿喽忒儿喽吃了个干净。"这是用嘴大口吸着吃面条的声音。

连词,如"饶是",这是表示让步关系的连接词,"尽管是""虽然是"的意思;它所连接的后一小句,多用"可、可是、还、还是、仍然"

等呼应。"饶是那等拦他,他还是把一肚子话可桶儿的都倒出来。"

动词,如"浇裹",指办一件事情总的开销花费包括。"再讲到烧焰儿,山上的干树枝子,地下的干草、芦苇叶子、高粱岔子,那不是烧的?……再说也浇裹不了这些东西。"再如"嚼牙",意思是没完没了地讲废话,磨嘴皮子,争辩不休。"这话讲在头里,他大约也没个不服查(检查)的理。如果里头有个嚼牙的……只管带来见我。"门框、窗扇变形,关不严或关不上,叫"走扇儿"。如"谁知那门的插关儿掉了,门又走扇儿,才关好了,吱喽喽又开了。"与话语有关的,比如"掰文儿",或作"掰纹儿",即从别人的言谈话语中故意找碴儿、挑些无谓的毛病,或没有什么意义的、但仍要反复不休地评理、追究。"不是姑老爷一说话我就掰文儿,难道出兵就忙的连个毛厕也顾不得上吗?"

名词,如"小傲怄儿","原来安太太合他姑嫂两个有个小傲怄儿。"意思是善意的、幽默风趣的玩笑。再如"兴头儿",指高兴、得意、快乐的事。"你老人家不说找个开心的兴头儿说，且提八百年后这些没要紧的事作甚么？"如"事由儿"，指事情，一般指不很大的事情。如"姑娘被张金凤一席话，把他早已付之度外的一肚子事由儿，给提起魂儿来，一时摆布不开了。"也作"事故"，并非指损失或灾祸，如"张老起初也事故着辞了一辞。安太太……见了姑娘，事故了几句，作为无事，只和舅太太、琴家太太说些闲话。"是没话找话、敷衍应承的谈话的意思。"来派"指"劲儿"、势头。例如："姑娘一看这光景，你一言我一语，是要'齐下虎牢关'的来派了。""齐下虎牢关"，是指《三国演义》里刘关张三英战吕布的故事，这样的"来派"足见其势头猛烈。

　　副词"可可儿的"，是恰好，正巧，正值的意思。如"今日天不亮便往这里赶，赶到青云堡褚家庄，可可儿的大家都进山来了。"再如"可桶儿"，即全部、尽其所有。"饶是那等拦他，他还是把一肚子话可桶儿都倒出来。"整桶的东西倒个底儿朝天，够多么干净彻底！"剪直的"，是索性、干脆的意思。如第二十九回："如今你既把我闹了来了,你有甚么好花儿呀、好吃的呀,就剪直的给我戴、给我吃,不爽快些儿吗?"还有第三十九回,"就剪直的给他三百,也不算多。"

形容词,如"砢碜",第十七回,邓九公对假扮尹其明的安老爷说:"咄!姓尹的,你莫要撒野呀!不是我作老的口划,你也是吃人的稀的,拿人的干的,不过一个坐着的奴才罢咧。你可切莫拿出你那外府州县衙门里的吹六房诈三班的款儿来。好便好,不然叫你先吃我一顿精拳头去!"这里的"口划",北京话读作 kē chen,即"砢碜"。指言语刻薄,说话难听。《儿女英雄传》里有时也写作"砢碜",如"趁着我家有事,要在众人面前砢碜我一场。"意思是使我难堪、丢丑。见不得人的事,叫作"砢碜事";难听的话,叫作"砢碜话"。"悖悔"意思是说老年人的昏聩、糊涂,有自责的,也有说别人的。如"瞧瞧,你老人家可了不得了,可是有点子真悖悔了!""掉歪",指调皮捣乱,总想出坏主意的人。"绝好的一个热心肠儿,甚么叫闹心眼儿,掉歪,他都不会。"比"掉歪"更厉害些的,是"掉(吊)猴儿",如:"他们底下的伙伴儿们,没有吊猴的;这要是有个吊猴的,得了这话,还不够他们骂我的呢!"

还有一个字"㪌",音 ruá,第十六回:"岂不在人轮子里,把一世的英名㪌尽?"是"衰减""减灭""削弱"的意思。第十五回"只是我想,大丈夫仗本事干功名,一下脚(只考武举)就讲究花钱,㪌了锐气了。"是"减灭了锐气、杀却威风"的意思。这个字还可以指"技艺低劣",仍如第七回:"小大师傅打的一都的好拳,小二师傅是个扫脑儿,也不㪌,还有个三儿。"

读音方面,有些字按"京字儿"的要求,不能读本音。比如"寻宿儿",指借宿、找个住宿的地方儿。"施主寻宿儿呀?庙里现成的茶饭,干净房子,住一夜,随心布施,不争你的店钱。""我不姓安,我是寻宿儿的!人家本主儿在那边儿呢,你朝那边儿说!"在这儿要读成 xínxiūr,宿音休、儿化。我们上边的例子里有"扫脑儿"这个词,即大秃顶,这个"扫"要读去声,音sào，徐世荣先生《北京土语词典》写作"臊脑儿"，解释为"顶部头发脱落的状态"。"扫脑儿"也指黑白相间的头发、杂毛儿。养的鸽子就有"扫脑儿乌头"之说，"乌头"即头颈全黑的鸽子，"扫脑儿"就是头顶有杂毛儿的劣种鸽子。

还有一些多音字，在北京话中也有其特定的读音。如"弯转"，"弯"在这里读wān，"转"读去声或轻声。例如："你老要有熟人，只管说，别管是谁，咱们都能弯转的了来。"这里"熟人"，是指熟悉的妓女；"弯转"，就是弄了来。

"便家"，"便"要读biàn，意思是有钱人家，对钱财不愁的人。例如："你虽是个便家，况你我还有个通财之谊，只是你在差次，那有许多银子（借我）？"又如"想了想，受他那等一分厚情，此时要一定讲到一酬一酢，不惟力有不能，况且他又是个便家，转觉馈出无辞，义有未当。"

书中的描写兼具北京的风土民情以及文化特色。例如清朝的道、咸、同、光年间，北京人的早点吃什么呢？在书的第三十二回，就描写安老爷和邓九公吃早点:"那边上房早已预备下点心,无非素包子、炸糕、油炸果、甜浆粥、面茶之类。"油炸果就是今天的油条。句中一个"无非",说明当时的早点只不过就是这几种,没什么新鲜样儿。《儿女英雄传》的作者是嘉、道、咸时人,可见这几样早点的历史至少也有将近二百年了。还比如地名,今天在北京,"前三门"尽人皆知。其实早在一百多年以前,就有"前三门"的叫法。《儿女英雄传》的第十八回写道:"因此上,前三门外那些找馆的朋友,听说他家相请,便都望影而逃。"这儿的"前三门"指的就是北京内外城交界,处于中轴线正中及其左右的三座城门:正阳门、宣武门、崇文门。"前"乃是对"后"而言的,如前门(正阳门)对后门(地安门)。"前三门外",泛指前三门以南的地方,即北京外城一带。

"车船店脚牙"在《儿女英雄传》里也有反映:"世上最难缠的,无过车船店脚牙,……左支脚钱,又讨酒钱,把个老头子怄的,嚷一阵闹一阵,一路不曾有一天的清静。"这里的"脚",指脚行、脚夫，即后来的搬运业或搬运工。

随着清朝的覆灭，很多旗人的语言也成了"古董"。如第七回《探地穴辛勤怜弱女》里，张金凤对看守她的丑夫人说："甚么地方我不敢去？就走！看他又把我怎地！"说着，站起来就走。那个夫人见了，扯住他道："你站住！人家师傅叫我在这儿劝你，可没说准你出这个门儿。你往那儿走哇？守着钱粮儿过啵！你又走啰！"这句话是什么意思呢？清代旗人的薪俸叫"钱粮"，死后由其妻子领取，叫"寡妇钱粮"，根据军功、官职的不同，领取不同金额，也就是给家属的抚恤金，所以说"守着钱粮儿过"。寡妇改嫁，俗话叫"往前走"，如果"往前走"了，那"寡妇钱粮"就自然没了。

再如戏园子中的"倒座儿"，"倒"读去声dào。书中有写："我两个便退避三舍，搬到那三间南倒座儿同住。""（不空和尚）定要占下场门儿的两间官座儿楼，一问，说都有人占下了；只得再顺着戏台那间倒座儿楼上窝憋下，及至坐下，要想看戏，得看脊梁。"旧时戏园子里的观众席位，各以屏风隔成小间，名曰"官座儿"，好像后来的"包厢"。杨懋建《京尘杂录》云："官座儿以下场门第二座为最贵，以其（演员）搴（音qiān，揭起，掀）帘，将入时，便于掷心卖眼。"跟舞台一顺边儿、左右两边还设有简易的席位，因座位不是面向舞台，而是面向"池子"（剧场中间的观众席位），故称之为"倒座儿"。"倒座儿"上的观众看舞台演出，看不到演员的正脸儿，只能看到后背，所以下文说"要想看戏，得看脊梁"。

与身体有关的也有。如吃药之后的行药叫作"渗"，即"吃完了药，渗一渗"。书中有这样一句"他方才正合着桃仁红花引子，服了一丸子乌金丸，躺在他屋里就渗着了。""渗着了"指行药的过程中慢慢儿地睡着了。再如"行动"是"入厕"的意思。例"紧接着肚子拧着一阵疼，不想气随着汗一开化，血随着气一流通，行动了行动，肚子疼倒好了些。"这个"行动"是"大解"之婉转之说。

称谓词语如：阿达哈哈番、阿哥、巴图鲁、

本主儿、当家儿的、当家子、戈什哈、格格儿、公母俩、话拉拉儿、家生子儿、撅巴棍子、老公母、力巴（又作劣把、劣把头）、婚媳、婉姥爹、哥儿们、姑奶奶、老的儿、老家儿、老爷子、奶奶、娘匕们、妞妞（妞儿）、女孩儿、外外、外外姐姐、小的、小小子儿、行子、爷儿俩、爷儿们、爷们、回子。

表示时间的词，如：成日价、当儿、会子、将、将才（将在）、将将、可可儿、末了、头里、午错、夜里个、早晚。

《儿女英雄传》中也使用了一定量的满语词。这其中有些已经在汉语中稳定下来，并流传至今。如"哈巴儿"即哈巴狗。"褡裢"指腰间携带的小布袋。"膈肢"指用手搔腋下。还有一些在当时并不常用的满语词，为便于理解，作者在文中为其作了注释。如安老爷说"额扔基孙霍窝扔博布乌杭哦，乌摩什鄂雍窝孤伦寡依扎喀得恶斋斋得恶图于木布乌栖鄂珠窝喇库。"（满语意：这话关系国家大事，千万不可泄露）公子答应了一声"依是拿"（满语"是"的意思）。

还有一些是当时满人的常用词，但后来被汉语中其他词语所取代。如"巴图鲁"指勇士，"包衣"指侍卫。

三 《儿女英雄传》中的俗语

《儿女英雄传》的语言诙谐幽默，原因就在于大量俗语恰到好处的运用。试举几例：

"怯壳儿"指人呆头呆脑，什么都不懂。"壳儿"就是"脑袋颏儿"，指头脑，思想。例如"愚兄还带着是个怯壳儿，还不知道这东西你们使得着使不着。"这是外省的老头儿邓九公，对城里大势派人家的自谦语。因为是说"脑颏儿"，所以有时就写作"怯颏儿"。"脑颏儿"又可以说"脑瓢儿"或者"脑勺儿"，因此又有"怯勺"这个说法。还有一个俗语叫"怯排场"，是指排场俗气，不大方。例如："姑娘此时一则乍到故土，所见的都合外省那怯排场两样……""怯排场"再加之以"外省"，更显出京城人的自高自大。

"擎现成儿的"，指人不劳而获。例如："我本来的意思原是得了那骡夫口里一个信息,要擎这注现成的银了。"就是白拿这注银子的意思。"擎"也可以单独使用,有时还写作"情",其正字应当是"賮"《集韵);"賮,受赐也。"即是。

"背住扣子","扣子"即疙瘩、结扣,比喻作问题;"背住扣子",一时思索不开事情的道理,找不着解决问题的办法。"绕住扣子"或者"绕住扣儿",也是一样。"要说何玉凤不曾被他打动,绝无此理;只是他心里的劲儿,一时背住扣子了,转不过磨盘儿来。"

"斜半签儿"xié meqiāngr,"半"读作 me(莫),轻声,"签儿"读作 qiāngr(腔儿),儿化。表示方向斜向,即按着不正的方向。如:"要上二十八棵红柳树(村名),打这里就岔下去了:往前不远,有个地方叫桐口,顺着这桐口进去,斜半签着就奔了二十八棵红柳树了。"就是说顺着桐口斜行即到。"斜半签儿"多用在指示路径上。齐如山先生说:"走路不拐死弯,径直走去,亦曰斜么签儿着走。"又作"斜么戗儿""斜乜阡儿""斜半扦儿"。若去掉"半"字——斜签儿，也指斜向，在这儿是指坐姿：表示谦恭，只坐椅子或凳子的一角，或胯着炕沿儿坐，意思是不敢正坐、实坐。

"<u>丝丝拉拉</u>"，指留恋难舍，而又不便说出来。例如："你们姐儿俩里头，我总觉得你比他合我远一层儿似的，我这心里可就有些<u>丝丝</u>拉拉的。"在这儿表示牵连不断，轻微的难受，因觉得关系较远、割舍不得。

"打了我的叫儿了"，意思是正中下怀，正合我意。例如："那瘦子一见，说：'怎么着，手里有活？这可打了我的叫儿了！你等等儿，咱们爷儿俩较量较量！'"这句话里的"手里有活"，意思是有两下子，有点本事。"叫儿"是"叫字号"的省略，本来的意思是指行事为人令人敬仰，在这儿是指极为熟悉的、极感兴趣的地方。"打了我的叫儿了"也就是说这正合我意。

"车豁子"，并非指赶车的人，而是指猥琐卑贱的人。例如：邓九公向安老爷叙述自己和不空和尚在前门外看戏时的所见："我问他（指不空和尚）：'既唱戏，怎的又和那三个小车豁子儿坐到一处呢？'"这里的"三个小车豁子儿"指的是三个相公，在这儿加"小"并儿化，更有看不起之意。

"抖积伶儿"是指在别人面前卖弄自己的聪明才能，有献殷勤、讨好的意思，略带贬义。如"公子此时……忙答应了一声，一抖积伶儿，把作揖也忘了，左右开弓地请来俩安。"

"假局子"，指骗人的把戏，但不一定都是坏事。例如："人家连你的门儿都进不来，就有一肚子话，合谁说去？所以才商量着做成那样假局子，我们爷儿三个先来，好把人家引进门儿来。"

"精气命脉神"，也作"精气神儿"，指人辛苦劳动，勤恳出力。清人俞正燮《癸巳存稿》三："京城人勤勉出力曰精其神。"可见"精其（气）神"确实是句老北京话。书中有例"只是我邓老九的银子，是凭精气命脉神挣来的，你这等轻轻松松，只怕拿不了去！"

"来不来的"，是时常的、动不动的意思。如：

"你怎么这么糊涂？你瞧，这如何比得方才？也有来不来的我就大马金刀的先坐下的？"

"卖嚷嚷儿"，指故意放大声音，高声说话，为了让别人都听见，引起注意。如"急得个张姑娘没法儿，只好卖嚷嚷儿了。"

有一些是四字格儿的俗语，要比两个字、或者三个字的俗语在语音上更为精彩活泼，平仄相间，富有韵味。

"皮赖歪派"，"赖"字轻声，或作"了"，"派"字阴平 pāi。意思是调皮、耍赖、不正经等等。例如："我看你才不过作了一年的新娘子，怎么就学得这样皮赖歪派！"

"不错眼珠儿"，是说眼睛一动也不动盯着看，即是全神贯注的样子。如："只不错眼珠儿从玻璃里向二门望着。"除了用于眼珠子，也可以用于耳朵，如"这个当儿，不惟按太太、金、玉姐妹望着老爷应着句话，连长姐儿都不错耳轮儿的听老爷怎么个说法。"在这儿"不错耳轮儿"，并非指耳朵真的不动，而是说实指，乃是说一动不动地、全神贯注地在听。

"不禁不由"的"禁"读阴平,"由"字儿化,意思是不自觉地、不由自主地、自然而然的。如"果然引动了邪老头儿的满肚皮牢骚,不必等人盘问,他早不禁不由口似悬河地讲将起来。"就是说控制不住自己,不由自主地说起来。

"不零不搭"表示数目,零,即零头儿的数量;搭,即搭凑、另外加上的意思,其实也是"零"。"不零不搭"就是说没有零头,也没有搭头,就是这样儿的一个数目。例如:"怎吗呀,又怎么不零不搭的,单告一年半的假呢?""老爷就给他个一二百也不算少,就剪直的给他三百也不算多,怎么又不零不搭的要现给他平出二百四十两来,这又是个甚么原故呢?"第一句的意思是,既不是一年,也不是半年,就是这么个一年半;第二句表示,既不是二百,也不是三百,就是这么个二百四。

"大马金刀儿"意思是大模大样,如:"公子长了这么大,除了受父母的教训,还没受过这等大马金刀儿的排揎呢。""只听姑娘向那班人,大马金刀儿的说道……""排揎"指训斥,这两句中的"大马金刀儿"都带有骄倨傲慢、大模大样的意思。

有些词看似文言，但实为俗语。如"事不有余""事款则圆""圣名"等等。

"事不有余"，如"和太太一见面儿，娘儿俩先哭了个事不有余"。这个词《国语辞典》释为"犹言尽致无余"。意思是指种种表现，已达到极致，没什么言词可以形容的了。其中这个"不"字，徐世荣先生认为是虚用，在这儿并不起否定作用，"事不有余"，就是"事……有余"，类同的词语如"时不常儿"即"时常"，"不吃味儿"即"吃味儿"，"不非凡"即"非凡"。

"事款则圆"，如："一个女孩儿家，既把身子落在这等地方，自然要商量个长法儿，事款则圆。你且住啼哭，休得叫骂。"意思是说做事情要慢慢考虑，慢慢来做，才能圆转应付，取得成功。

"圣明"，这里的"明"字要读轻声。这是恭维人的话、高明、聪明、极通达、极明白事理的意思。如书中"您老人家有什么不圣明呐。

圣明不过老爷。

"敲山震虎"义为从旁侧击,以示警动。"这要不用个敲山震虎的主意,怎的是个了当?"

有些俗语流传至今,人们对其来源已经模糊,但其确有源头可考。

"扫地出门",齐如山先生的解释是:"做事做彻也,管到头也。如代人做一件事,恒说'这件事扫地出门都归我啦',意思就是都归我包办了。"第十六回写到安水心老爷欲娶何玉凤(十三妹)作儿媳,正在筹议之中,请邓九公帮忙,九公满口应承,说:"老弟,不必犹疑,就是这样定了,……从明日起,扫地出门,愚兄一人包办了。"邓九公说:"从明日起,扫地出门",这是一心向热的人的快人快语,意思是说安、何两家的喜事操办,开销花费,自己愿意全部承担下来,包揽到底,服务到家,后边又说道:"愚兄一人包办了。"正好以作补充。为什么会说"扫地出门"呢?因为过去北京的木厂子(制造厂)承包工程时,在与雇主所签的合同里,最后一句话,就是这几个字。意思是说此项工程,从开始到完工，本制造厂全部负责到底。

"卖盆的自寻的"，意思是指本来不太聪明的人，却要耍小聪明，无故自找麻烦，自讨苦吃。例如："这位何玉凤姑娘，……好端端的又认的是甚么干娘！不因这番，按俗语说，便叫作'卖盆的自寻的'，掉句文，便叫'痴鼠拖薑，春蚕自缚'！"这是源于旧时沿街卖盆的人，不光吆喝本业，还兼学口技，以招揽生意。蔡绳格《一岁货声》注："有人卖盆，则学一阵老鹳打架，先叫早，后争窝，末像群鸦对谈，嬉笑怒骂中有和解意，无不笑者。"口技与卖盆本无任何关联，实属多事。后面的"痴鼠"和"春蚕"可作为例证。

"老了么？不打卖馄饨的"，这句话是在调侃年岁老。例如书中舅太太和弟媳安太太比年岁，说自己老了，这时安太太说："不害臊！你通共比我大不上整两岁，就老了？'老了么？不打……'"然后舅太太接过话茬儿说："'不打'甚么？我替你说罢：'老了么？不打卖馄饨的！'是不是呀？"这句话是源于旧时京师直隶城镇挑担卖馄饨的人，可以给食客沃果儿，沃果儿就是沃鸡蛋（"沃"又可作"卧"）。有人来买，这人就会问客人，"要果儿否？"那时人们喜欢吃嫩的鸡蛋，也就是所谓"溏心儿"。如果一旦煮的火老了，就会因此发生口角。书中舅太太替安太太说的就是"鸡蛋沃老了，何不去打卖馄饨的"，是用"蛋"来调侃"老"，也是安太太取笑舅太太（因为二人常有"小傲怄儿"）。京师之地忌讳说"蛋"，代称"沃果儿""木樨汤""摊黄菜"等。安太太是一家之主妇，端庄操守，外言不入内，即便是姑嫂间玩笑，也不能说"蛋"，甚至"沃果儿"，因此说到"不打"，就不再往下说了。

《儿女英雄传》里的歇后语，使用恰到好处，令人拍案叫绝。这些歇后语在当时是广为流传，人所尽知的，所以作者使用时常常是真正的"歇后"，只说出前半句。例如第二回写安老爷打点一般土仪，给河台大人送礼，门上家看不上，就说："大凡到工的官儿们送礼，谁不是缂绣呢羽、绸缎皮张，还有玉玩金器，朝珠洋表的；

怎么这位爷送起这个来了？他还是河员送礼，还是'看坟的打抽丰'来了？这不是搅吗！""看坟的打抽丰"是句歇后语。"打抽丰"就是俗语说的"打秋风"，指勒索财物。看守坟墓的人"打秋风"，只能"打"坟地里的死鬼。这句的歇后是"吃鬼"。向鬼魂勒索财物，即指人极端尖吝刻薄。

第三十六回写安公子回家省亲，安老爷布置迎接，在中堂北面，只安放了一把椅子，舅太太不解其意：舅太太先纳闷儿道："怎么今儿个他又'外厨房里的灶王爷'闹了个独坐儿呢。回来叫我们姑太太坐在那儿呀？""外厨房里的灶王爷"歇后是"独坐儿"，这是因为在厨房里贴的神祇只有灶王爷，没有别的，所以说是"独坐儿"，也就是一个座位，孤家寡人的意思。也作"独一份儿"，意思是只此一家，别无分号。

"锯了嘴儿的葫芦"也是句歇后语，下歇"两片儿瓢"。例如第十九回："我这锯了嘴的葫芦似的，大约说破了嘴，你也只当是两片儿瓢。"这是因为过去北京人常常在院子里搭葫芦架，结出来的葫芦有两种,一种是一大一小两个圆在一起的,叫作有嘴葫芦,可做酒器。还有一种是桃形的,就一个圆,叫作没嘴的葫芦,北京人叫葫芦瓢,所以俗语说"有嘴的葫芦没嘴的瓢"。瓢长成以后,经过风干,然后将其锯成两半使用。用以舀水,就是水瓢,用以扴(kuǎi)面,就是面瓢。歇后语"锯了嘴儿的葫芦——两片儿瓢",意思是说人的上下两片嘴唇,就像锯开没嘴的葫芦,做成的两片瓢一样,起不到任何作用,也就是形容人没有口才、不善辞令。

书中还有一种俏皮话儿,作者用以讽刺调侃,借用别人的言词来打岔,以制造诙谐幽默的效果。第二十六回中,张金凤苦劝何玉凤,可何玉凤听完劝告……只抬起眼皮儿来恶恶意意的瞪了张金凤一眼。于是张金凤道:"姐姐说话呀!瞪甚嚜?我怄姐姐一句:'不用澄了,连汤儿吃罢!'"这里"不用澄了,连汤儿吃罢",就是一句极风趣的俏皮话儿。"澄",音"瞪",即澄豆沙,就是在熬豆沙馅时,滤去熬出的汁,留下豆沙。"不用澄了，连汤儿吃罢"，意思是不需再澄，连汤儿带馅儿，一块儿都吃了。张金凤所说的是取其谐音（"澄"谐音"瞪"），因为何玉凤"瞪"了他一眼，所以张金凤用这句俏皮话儿来"怄"何玉凤，意思是"你别瞪我，别用眼睛吓唬我。"

书中第七回中，何玉凤欲放张金凤一家逃生时说："少时我见了那大师傅，央及央及他，叫他放你一家儿逃生如何？"可她正要回头向那恶和尚的姘妇搭话时，只听那姘妇自己在那里咕囔囔道："放啊？我们还留着祭灶呢！"这里"放啊，还留着祭灶呢"也是一句俏皮话儿。旧时习俗，在农历腊月二十三要祭灶王爷，因为要灶王爷要在那一天"上天言好事"。而祭品一般只用糖瓜祀神，草节料豆祀马，这是为了显示主人的勤俭持家。"放啊，还留着祭灶呢"，意思是虽是无足轻重的东西，但也得留着将来祭灶王爷，不能舍弃。这与何玉凤"放人"的意思并不相关，而是来调侃"放"。因为说话的这个妇人，是一个"语言无味，面目可憎"的人，所以她所说的俏皮话儿,也并不让人觉得俏皮,反而使人生厌。这也更显示了作者刻画人物的精细之处。

第五讲

清末民初京味作家作品中的俗语

一 清末民初京味作家概说

清末民初是一个中国历史、文化发生急剧变革的重大转型时期,这个时期的中国文坛可谓空前繁荣,特别是在京津地区,随着当时大量涌现的白话报刊,一大批才华横溢的白话作家逐渐为人所熟知。如《清末民初小说书系》序言中所说:"当时的北方文坛也不甘寂寞,京津地区也涌现出几十种白话报,知名的《京话时报》《爱国白话报》《白话国强报》《竹园白话报》《天津白话报》等白话报培养了损公(蔡友梅)、徐剑胆、丁竹园（国珍）、自了生、冷佛、市隐、湛引铭、耀公、涤尘、钱一蟹等一批京味儿小说家。他们谙熟京都的逸闻掌故、风土人情，写出地道的京味儿小说，展现了一幅清末民初古都北京的风俗艺术画卷，为研究北京的历史文化留下了可贵的资料。"

京味小说，是指由谙熟北京的逸闻掌故、风土人情的作者，采用地道的北京话，创作的以展现北京风俗为主的文艺作品。这类作品显示出一种与独特的北京文化氛围绝顶契合的审美情趣。

清末民初北京的白话报纸中，这些报纸上面刊登的无论是新闻、演说还是小说，都是用当时的北京口语写作的。办报人的宗旨就是要使用当时老百姓的语言，让老百姓看得懂，喜欢看，从而达到教育人民的目的。这些文章、小说的语言和后来的白话文运动所产生的那种含有大量欧化、日化语言的小说、文章不同，使用的语法格式、词汇基本上是当时的口语。故此对那一时期的北京话俗语做了鲜活的记录。

二 损公作品《小额》中的俗语

1. 损公与《小额》

损公,本名蔡松龄。清末民初北京旗人,北京报人小说家,早期京味儿小说家代表人物。20世纪初,在《顺天时报》《京话日报》《益世报》和《白话国强报》等报纸上发表京味儿白话小说百余部。其作品以题材活泼、京味儿浓郁、思想改良、劝恶扬善,受到当时市民的追捧。损公本人也因其代表作《小额》而闻名海内外。

蔡松龄喜爱梅花,故别号"友梅",报界多以"蔡友梅"称之。又号"松友梅""梅蒐""老梅"和"遁生"。因其小说多以劝恶扬善为宗旨,以"损人"为能事,故多署笔名"损公"。关于这一笔名,他在小说《忠孝全》中曾经写道:"再说记者这门小说,别的不敢夸嘴,敢说干净俐罗,男女可观,虽然沉闷点,多少有点益处;除去爱损人是毛病,我既叫损公吃这碗饭,不能不损,但是损的那不够资格的人,决不损好人。"晚年其还以"退化"为笔名,意在与当年创办的《进化报》相对照，其人其性也表于其中。

关于损公的生卒年，现存资料中没有明确的记载，但是我们由一些资料中可以推知。1917年8月15日（丁巳年六月廿八日），损公在《益世报》发表了诗作《初度感吟》：

终年常碌碌，屈指又生辰。只见重来日，难寻已去春。

多愁容易老，同学笑长贫。祝寿无人至，寒梅对病身。

初度即生日之意。由此可知，他的生辰为阴历六月廿八日。在1920年2月19日《益世报》上的《岁暮感怀》一文中，损公写道："记者今年四十八（怎么活来着），离这知命也就差两年了"。中国的传统，年龄虚一岁，所以他应该出生于1872年8月20日（壬申年六月廿八日）。1921年9月连载小说《鬼社会》时，损公刚迈入知天命之年，称自己"行年五十，我可不知四十九岁之非。"可做旁证。

损公卒于1921年11月初，享年五十岁。1921年10月2日至17日《益世报》刊登小说停刊启事:"现因梅叟偶感时疫,所有余墨及亦我之小说暂行停刊特此声明。"是年11月6日该报发表悼文《哭蔡友梅》(讪翁):"蔡友梅死矣,溯其生平奖善戒恶,急公好义之传,当为常阅本报者所尽晓,无复赘言。昨得瘦鹤君来稿一件,题曰《哭蔡友梅》,爰录于之后,以飨阅者。"

关于损公的出身,《北京报纸小史》有这样的记载:"《进化报》,设于东单北大街,社长蔡友梅,编辑杨曼青、乐缓卿、李问山,体裁白话。蔡氏等皆为旗族,故其言论注意在八旗生计问题。"另据《蔡省吾先生事略》有关蔡氏家族的历史记载中说:"先生讳绳格,字省吾。蔡氏隶汉军旗籍,为有清世族。其先人以游击将军率炮营从袁三督师征洪杨,战殁寿州。清廷恤以轻车都尉,世职为先生长兄绥臣所袭,后以参将官鲁省,即报界闻人蔡友梅之父也。是时,先生与其弟君邻方十余龄,均就外傅,欲以科甲显。顾念兄禄仅可供鬻太夫人,少甘旨之奉。先生乃因孝废读,日习弓马,值大挑授蓝翎侍卫。弟君邻、侄友梅均以医行于世,盖出于太夫人家传也。由是家计日裕，一门穆穆雍雍，为六族所共仰。"石继昌先生在《汉军八家述略》一文中曾写道："绳格侄松龄，即北京老报人蔡友梅先生。"并考证蔡氏家族乃"漕运总督蔡士英之后裔，士英锦州人，隶汉军正白旗。士英子云贵总督蔡毓荣，孙吏部尚书蔡珽，康熙三十六年翰林，能诗，有《守素堂诗集》。"由这些史料可知，损公出身汉军正白旗。家族后裔多长于文事、精通医学。

出生于晚清官宦世家的损公，自幼读书，16岁学医，后随其父蔡绥臣赴山东就任。之后，弃医从文，任《京话日报》、《公益报》等白话报编辑。1906年创办《进化报》，1907年开始在《进化报》上连载京话小说《小额》，"于是友梅先生，以报余副页，逐日笔述上说数语，穷年累日，集成一轴。"（德少泉《小额》序）不久，报社倒闭，损公到归绥任法政讲习所总办。1913年后，陆续在《顺天时报》《益世报》《京话日报》和《白话国强报》上连载白话小说，及至1921年去世。

关于损公作品的数量，据统计，目前能确定的小说作品存世的有一百余部。这些作品以松有梅、损、损公、退化、亦我、梅蒐、老梅等署名发表于1907年至1921年间。分别刊登在《进化报》《顺天时报》《京话日报》《益世报》和《白话国强报》等白话报纸上。

《小额》最早每日连载于《进化报》，后来在1908年（光绪三十四年）由和记排印书局出版了单行本，可谓弥足珍贵。

2.《小额》中的俗语

《小额》是清末京味小说的代表性作品，语言生动俏皮，所用的是最地道的老北京话。

我们先来看一些三字格的俗语。

"捧臭脚"，就是拍马屁。如："自己看着这点帐目，心满意足，又有些个不开眼的人这们一捧臭脚，小额可就自己疑惑的了不得啦。"

"洋绉眼"，指势利眼，这种人看见穿洋绉的人（即有钱人），马上就结巴。如："到了茶馆饭馆儿，都称呼他额老爷（洋绉眼），他自己也以额老爷自居。"

"三青子",意思是浑,或者浑人。如:"紧跟着又说了些个三青子的话。"

"得苦子",就是吃亏。如:"一瞧青"皮连要得(音:歹)苦子,喝!七言八语的全来啦。

"鸡屎派",这里"鸡屎"指人间败类,"鸡屎派",就是无赖的做派。如:"一闹这个鸡屎派,甚麽他的话啦,我的话啦,第老的年轻啦,老哥儿们都瞧我啦……"

"排老腔儿",即拍老腔儿,用长辈的口气说话。如:"善大爷本就一脑门子气,又听他一排老腔儿,气更邪啦。"

"起黑票",意思是偷偷逃跑。如:"收拾了收拾,半夜里就起了黑票啦,二次又逃回北京。"

"颠儿核桃",意思是走啦,跑啦。如:"心里一想,干他一头子,给他一个颠儿核桃(北京土话,当走啦、跑啦讲),就是这个主意。"

"前三抢儿","抢",是争先夺取的意思。"前三抢儿",是说在事情的最初阶段,也就是最需要抓紧快办的。如:"前三抢儿已经让人家给抄了去啦。咱们捞稠的吧。"

"白花蛇",也写成"白话舌","花"音huo。"白花蛇",意思是花言巧语。如:"额大奶奶婆媳一听这套白花蛇,赶紧都给赵华臣这们一请安。"

"酒幌子",意思是借酒撒疯。如:"李顺一瞧,这位六老太爷喝了个酒气喷人,舌头都短啦,知道是又碰的酒幌子上啦。"

"玩鹞鹰",意思是不干正经事,游手好闲。如:"您猜青皮连那儿玩鹞鹰去啦?"

"照影子",就是起疑心。如:"因为这位先生一听知柏地黄丸很透像儿,也照了影子啦,把我找了去,直追问这回事。"

"假棵子",就是假客气,假客套。如:"赵华臣拉着小额的手,假装着急心疼,咳声叹气,闹了会子假客气(俗话是假棵子)。"

"吃蹩子",意思是建议或请求,被人拒绝。如:"小文子儿一听,也没敢再言语(娘儿两个不偏不向,都吃了一顿蹩子)。"

"故故典儿",意思是故事、典故。如:"要说大夫挂匾这档子德行,里头的故故典儿可多啦。"

"安好炉",意思是刑具已准备好。如:"这真应了话啦,安好了炉啦,竟等着收拾人哪。"

再来看一些四字格的俗语。

"贼星发旺",指坏人的好运气来了。如:"后手啦老头子死啦,小额当了三年的库兵,算是好,没出多大的吵子(贼星发旺)。"

"前廊后厦",前奔儿后勺儿,额头和后脑勺儿都突出。如:"原来是一个十六七岁的孩子,一身土黄布裤子汗衫儿,散着裤脚儿(搁在这时候儿,才算维新),长的前廊后厦的,这们一个脑袋。"

"懂里懂面儿",意思是知道在什么样的场合应该说什么、做什么。如:"这位王亲家太太是个大外场,虽然厉害,可是懂里懂面儿,说话倒很爽快。"

"肥猪拱门",意思是好事自己上门了。如:"素日瞧着额家有钱,总想法子要吃一口(好亲家),好容易遇见这当子俏事啦,真是肥猪拱门。"

"开锅儿烂",意思是说当时在衙门府里受

审，一开始就挨打。如："到了北衙门，一进门儿就是开锅儿烂。"

"亮盒子摇"，就是打开天窗说亮话。如："既然如此，咱们哥儿俩，爽得~，就把怎么想法子，借着托官司干他一下子，一颠儿核桃的话，一五一十，细说了一遍。"

"胡说白道"，意思就是"胡说"。如："玩上笑下贱极啦，满嘴里胡说白道，七个八个混数，气死抬杠的，不让车豁子。"

"好孩子核儿"，"核儿"，音 húr。"好孩子核儿"就是指好孩子，常用作反语。如："(好孩子核儿)两只小三角儿眼睛，戴着一副墨镜，身穿月白洋绉大衫儿，套着蓝纱的坎肩儿。"

"蜜里调油"，形容甜蜜蜜的。如："平常是呼兄唤弟，蜜里调油，亚赛一个妈妈养的。"

"冤孽梆子"，就是"冤家"。如："这号儿买卖，要让姓希的端了去，那才是冤孽梆子呢。"

"花说柳说"，编好听的说。如："见了额大奶奶，这们一路花说柳说。"

"事缓则圆"，意思是做事情要慢慢考虑，

慢慢办，就能办得圆满，取得成功。也作"事款则圆"。如："反正事缓则圆，哭会子当不了甚么。"

"就棍打腿"，意思是就势儿，借着这个机会。如："李顺就棍打腿，说他有个相好的在南城当衙役，花俩钱儿可以先买个舒服，还朦了十五两银子去。"

"有枝儿添叶儿"，意思是添枝加叶儿。如："一档子山东马三吃白德（研究过《永庆升平》教科书的，都知道这个节目），他真能够吃他两个月，虽然是有枝儿添叶儿，可都是社会上实有的情形，决一点儿外道天魔没有。"

"外道天魔"，意思是神神鬼鬼的事。如上例。

"打快杓子"，意思是看准机会就捞一把钱。如："霍乱季儿，打了一阵子快杓子。过了霍乱季，一闹冬瘟，老先生就抓啦。"

"力把儿杓子"，"把儿"音ber，"力把儿杓子"指外行，形容其对某方面一窍不通。如："王先生这们一路胡搞，好在额家都是力把儿杓子，听他这话，就深信不疑。"

"粘牙倒齿",意思是口齿不清楚,大舌头。如:"两只抹子脚,横着量有四寸,说话粘牙倒齿,很有点儿妖啦妖气的。"

"搭窝甏坏","搭窝",即设圈套。"甏",就是"憋"。如:"老张说:'让他上我那屋歇着,倒随便(你们俩好搭窝甏坏)。'"

"必有人心",意思是一定给酬劳、报酬。如:"只要我好啦的话,加倍的必有人心。"

"掰开揉碎",意思是耐心而详尽地做解释和劝说。如:"后来小额对着自己的妻子,掰开揉碎这们一说,额大奶奶倒很以为然,小文子儿也就无可如何了。"

"犯牛脖子",就是"犯拧"。如:"你哥哥就是这种脾气,人家来赔不是就得啦,他老是犯这道牛脖子。"

"起贼尾子",意思是做贼心虚。如:"后来给人包治打胎来着,打死了一口子,本家儿倒没不答应,他自己起了贼尾(音:以)子啦,收拾了收拾,半夜里就起了黑票啦。"

五字以上的俗语,如:

"瞎猫碰死耗子",意思是不一定能遇到的事情,没准儿的事情。如:"那个说:'咳,这就瞎猫碰死耗子,哪有准儿的事呀。'"

"好鞋不沾臭狗屎",意思是好人犯不上和那些下三滥计较。如:"伊太太说:'大哥儿呀,咱们跟他合不着,好鞋不沾臭狗屎。'"

"姥姥不疼、舅舅不爱",说人长得姥姥不疼、舅舅不爱,意思是形容此人长得特别难看。如:"他这个孩子叫群儿,长的姥姥不疼、舅舅不爱,整天的竟讨人嫌。"

"心里嘴里全没有",意思是既没有心机,嘴又不能说。如:"善全善二爷,本来心里嘴里全没有,外场又一点儿不通,让票子联这们一拍,简直的气糊涂啦。"

"黑不提白不提",意思是什么也不说。如:"过完了这堂,黑不提白不提,就把大车王给攒起来了。"

"有向灯的,就有向火的",意思是有向着这头儿的,有向着那头儿的。如:"你一言我一语,就有向灯的,就有向火的。内中就有两个人,是一老一少，一个直哭，一个直乐。"

"图贱买老牛"，意思是贪图便宜，只能买到年老的牛。如："便宜没好货。因为他门脉是六百钱，比别人贱点儿（图贱买老牛）。"

"喝了个马是得"，意思是喝得醉醺醺。如："到了晚上，毛春子喝了个马是得，弄了把白条子，堵着门口儿。"

"空口说白话"，意思是只说空话，不给钱。如："如今的事情，您要说空口说白话，那可不行。打官司打的就是钱。"

"不差甚么的"，指一般的。如："告诉姐姐说，不差甚么的，胆子小的人不用说敢管，他要敢上府上来，我算信服他。"

"说到那儿应到那儿"，意思是所说过的话或者承诺，果真能够得以实现。如："喝，金针刘这一说到那儿应到那儿，可真把额家给拿上啦。"

"下宝是报的"，意思是不能告诉你。如："兄弟你瞧，我瞎打听打听（别打听啦，下宝是报的），你别生气呀。"

"没有杀孩子的心,不用干这个",意思是不狠毒的人,干不了这个。如:"要说放帐、使帐的这门科学,在下也没研究过,大概听说有死钱,有活钱,有转子,有印子,名目很多。反正没有杀孩子的心,不用干这个(实话)。"

"家有贤妻,男儿不遭横事",意思是贤惠的妻子能够劝解自己的丈夫不去凭着血气做事。如:"常言说的好:'家有贤妻,男儿不遭横事'。这虽是两句俗话,可是确有至理。"

"打的岗子上啦",意思是碰到让他倒霉的事了。如:"哈哈,这个乏拨什户可打的岗子上啦。"

"杂碎掏出来,狗都不吃","杂碎"就是动物的内脏。这句话的意思是人坏到了极点。如:"要问他那份儿坏,前两天也说过,简直的不用提啦。真是杂碎。掏出来,狗都不吃。"

"张不长李不短",意思是这个人、那个人的是是非非。如:"王亲家太太听说,喝,又开了话匣子啦,张不长李不短又说了一大套。"

"瞧事作事,遇机会下嘴",意思是看情况,随机应变。如："可是在额大奶奶头啦，应了个老满儿，打算是瞧事作事，遇机会下嘴。"

"翻滚不落架儿"，意思是不松口，怎么都不答应。如："他老人家可讹住了，楞说小额打他啦，翻滚不落架儿。"

"搁着他的，放着我的"，意思是把事情摆在这里，有什么话（结果）等以后再说。即"走着瞧"的意思。有不服气，不含糊的语气。如："这当子事情，我算认了命啦。搁着他们的，放着我的。后会有期就是了。"

"气死抬杠的，不让车豁子"，"车豁子"，就是赶车的人。这句话是形容人语言固执，好抬杠，令听者气愤。如："玩上笑下贱极啦，满嘴里胡说白道，七个八个混数，气死抬杠的，不让车豁子。"

"行好，行到了儿"，"了儿"，音 liǎor；"到了儿"，就是"到底"。"行好，行到了儿"，就是说做好事做到最后。如："千万可别走，您要行好，行到了儿。"

"穷汉子吃药，富汉子还钱"，大夫向穷人

收钱少,向富人收钱多,所以,等于是富人给穷人付药费。如:"少峰大哥,你没听俗语儿说吗?穷汉子吃药,富汉子还钱。"

此外,还有书中很多精彩的歇后语,试举几例:

"练甚麼吧,脑油","脑油",是头发和脸上出的油。此处,"练"和"炼"同音,是说话人的诙谐,意思是:"你练什么?只能炼油。"如:"这个说:'练甚麼吧,脑油。偺们这样儿的,还得的了哇!'"

"率料子活,伺候不着","率料子活",其义不详。如:"我说你们错翻了眼皮啦,硬打软熟和是怎么着?要打算赔不是,那是你们自己去,我认得你们是谁呀!率料子活,我简直的伺候不着!"

"俄罗斯打官司,一点照应没有",是说俄罗斯人在中国打官司,因为没有熟人可托,所以衙门里没人照应。如:"到了北衙门,一进门儿就是开锅儿烂(就是挨打),打完了一收,俄罗斯打官司,一点照应没有。"

"席头儿盖上,都有一个了",意思是说什么事都有完。"席头儿盖上",是说人死了,用席子盖上。如:"再说天下人管天下事,常言说的好,席头儿盖上,都有一个了。"

"黄雀儿母子,很算不了麻儿","麻儿",意思是"什么"。这句话的意思是这件事算不了什么。如:"就说这件事,跟您说句外话,黄雀儿的母子,怕算不了麻儿。"

"属凤凰的,无宝不落",意思是无论是什么好事都想沾到好处。如:"再说这位王亲家,也是属凤凰的,无宝不落。"

"火纸捻儿比号筒——你差的粗呢",形容水平、程度比人差得远。如:"别瞧你也在六扇门儿里头待过,要说办这些个事的话,火纸捻儿比号筒——你差的粗呢。"

"竟指着一棵树儿也不行",意思是别在一棵树上吊死。如:"告诉姐姐说,您可别辞退人家。这件事情,本来的麻烦,竟指着一棵树儿也不行。"

"羊肉包子打狗——永不回头",指一去不

回。如:"胎里坏这一去,应了一句俗语儿啦,真是羊肉包子打狗,从此就永不回头了。"

"魏铁嘴有话,登登啦",指人死。"登登",就是死。如:"鼻子嘴里,往外一喷这个紫血块子,没到晌午,魏铁嘴有话,就登登啦。"

"说书的嘴,唱戏的腿,说快就快",说书人能够用两三句话表达历经多年的事情;唱戏的在台上绕一圈儿,能够代表跑了很远的路,所以说"说快就快"。如:"常言说的好,说书的嘴,唱戏的腿,说快就快。"

三 冷佛作品《春阿氏》中的俗语

1. 冷佛与《春阿氏》

王冷佛,生卒年不详,本名王绮,又名王咏湘,北京内务府旗籍。清末在北京《公益报》做编辑,民国初期转为《爱国白话报》编辑。

冷佛因其连载于《爱国白话报》的小说《春阿氏》声名鹊起。他的作品以中长篇为主,语言的口语化程度很高。刘云（2013）报告了他在首图和国图还发现了《小红楼》和《侦探奇谈》等冷佛作品。2014年首都师范大学出版社影印出版的周建设主编的《明、清、民国时期珍稀老北京话历史文献整理与研究》收冷佛作品七种。冷佛的白话小说有《春阿氏》《未了缘》《井里尸》等，除白话小说之外，他也创作文言小说，《蓬窗志异》（民国三年九月初版）即其一。冷佛是个高产小说家，仅在民国三年，就有三部小说问世。

冷佛作品中最有名的莫过于创作于光绪年间的长篇纪实小说《春阿氏》。《春阿氏》又名《春阿氏谋夫案》，是根据光绪年间发生在北京城内镶黄旗驻防区域内一桩实事公案改编而成的小说。此案之审理，旷日持久。引起轩然大波，影响遍及全国，甚至海外。

2.《春阿氏》中的俗语

《春阿氏》的语言极具特色，笔墨灵活，趣味浓厚，人物对话尤其活灵活现。作者在书中对京味俗语的巧妙运用，使旗人的善于辞令，妙语连珠跃然于纸上。

我们先来看一些三字格的俗语。

"眼力见儿",意思是善于观察别人的动作意向,而使自己作相应的反映,可见其人的机灵。如:"一点儿眼力见儿没有,你把二叔的包袱倒是接过来呀。"

"瞎摸海",意思是漫无目的地胡乱冲撞,常指无益于事的举动。"摸"字轻声。如:"二弟,你真是瞎摸海,从北新桥直到四牌楼,整整齐齐绕了个四方圈儿。"

"溜蒿子",就是哭,掉眼泪的趣语。如:"按着老妈妈例儿说,平白无故你要叹一口气,那水缸的水都得下去三分;象你这每日溜蒿子,就得妨家!"

"打吵子",指吵架,混闹争喧。"打"字读二声,"子"字轻声。也作"吵包子"。如:"所以他们夫妇总是打吵子,我在暗地里也时常劝解。"

"软须子",指跟随阔少帮闲的无赖之徒。如:"文光的牛录普津,有个兄弟普云,此人有二十多岁，挑眉立目，很像个软须子。"

"犯死凿儿"，表示只认准一件事，一根筋的意思。如："慧甫道：'恪翁不必留饭，我们有点小事，少时就得回去。你把所说那人先说给瑞珊听听，省得回到店里又犯死凿儿。'"

"无二鬼"，即无赖子。民国二十一年序刊本《河北景县志》卷六："无赖之人曰无二鬼。""无"读阴平。如："普云为人，是个小无二鬼，家有当佐领的哥哥，他是任什么事也不爱作。"

"拧杩子"，是出了差错的意思，也作"拧葱""拧了葱"。如："要专信你的话，全拧了杩子啦。"

"不落场"，"落"音辣，落场，落后，"不落场"，即事事不落后，样样儿少不了。如："说话是干干脆脆，极其响亮；行事是样样不落场，事事要露露头角。"

"猛孤丁"，意思是猛然间，突然地。"孤丁"，语助词，无义。元人杂剧里作"猛可里""猛可地"。《倩女离魂》第四折："没揣的一声狠似雷霆，猛可里吓一惊，丢了魂灵。"如："玉吉听了此话，猛孤丁的闹了一怔,看见满桌上放着杯盘菜碗,才知是已经开放了。"

"下混水",表示沆瀣一气,随同作恶的意思,也作"蹚混水"。如:"外间传说不是他自己害的,因为他婆婆不正,劝着儿媳妇随着下混水。"

"晌午歪",表示天已过午,京语也叫晌午趖。光绪《顺天府志》卷三十岁:"今京师人谓日跌为晌午趖。按趖,《说文》:走意,从走,坐声。《广韵》:苏和切。《花间词》:豆蔻花间趖晚日。今顺天人谓日午为正晌,午少西曰晌午趖;午语若火,趖语若错。如:"天已经晌午歪了,咱们吃点什么,进城访乌恪谨倒是要紧的事。"

"太常斋",指大牢骚话。出典未详。如:"说着,又题起玉吉当日在天津店里如何发牢骚,偶然给旁人写幅对字,都是太常斋的滋味。"

"大忒晚",表示特别晚,很晚的意思。如:"不看大忒晚了,赶来不及。"

"颠倒儿颠",表示完全反了。如:"街坊四邻,你们都听听,如今这年月,颠倒儿颠啦,媳妇是祖宗,婆婆是家奴。"

再来看一些四字格的俗语。

"雄黄年间",比喻很久以前。如:"普二不待说完,笑拦道:'您别比您那时候,那是雄黄年间,如今是什么时候?'"

"满身箭眼",谓周身窟窿,比喻遭人诟骂之甚。如:"你瞧我这位哥哥,可叫我说什么!平白无故的,弄得我满身箭眼。"

"挑三窝四",即挑三拣四,表示没有缘由的挑理。如:"自从这位如夫人入门以来,时常的挑三窝四,闹些口舌。"

"横打鼻梁",也作"横打鼻梁骨",即指着自己的鼻梁骨,表示其能承当和负责,表示叫横、什么也不怕的意思。如:"你说什么?你不用横打鼻梁,自充好老婆尖儿。"这句里的"老婆尖儿",意思是老婆(媳妇)队伍里拔尖儿的。意思是本来不是好媳妇,反而唱高调,自吹自擂,说自己是媳妇里边最好的,出类拔萃的。

"碟儿嗑碗儿碰",意思是指家庭里发生的小矛盾。如:"居家度日,都有个碟儿嗑碗儿碰,要是怎么的话,很不必经官动府。"

"口里口外","口",即胡同口,"口里口外",就是胡同口附近。"口"字儿化。如:"咱们是口里口外的街坊,我也是这里的娃娃。"

"打板儿高供",旧时人们常在家里放置神龛,用以供奉天地爷、灶王爷等。这种神龛都用小板儿供起来,以备陈列香烛纸马供品。"打板儿高供",即高高供起,顶礼膜拜之意。如:"把你太太婆打板儿高供,你爹你妈也查不到我这儿来。"

"深儿福头",也作"身儿福头",即内里的事情。如:"要说二哥的话,净瞧了外面皮儿啦,深儿福头的话,还不定是怎么一葫芦醋呢。"

"嘴不跟腿",表示无次序,不协调一致,即"颠三倒四"之意。如:"堂上口供课非同小可,你这颠三倒四嘴不跟腿的,不要胡说乱点头。"

"穿章打扮","穿章",即衣着,"章"字轻声、儿化,"打"读阳平。"扮"字轻声。如:"若说盖九城的话,不过是穿章打扮有些妖气,其实也没什么。"

"爱亲儿做亲儿",出自俗谚"两好儿并一

好儿，爱亲儿才做亲儿。"意思是因为彼此觉得满意，才会结为亲家。如："俗语说：爱亲儿做亲儿，何必闹这宗无味的话呢！"

"瞒心昧己"，意思是隐瞒欺哄，私自为恶。如："德氏怒嚷道：'有什么瞒心昧己事背你办了？'"

"三焦火起"，"三焦"，中医所谓上焦（舌下至胃上）、中焦（胃上下口之间）、下焦（胃下至膀胱），为三焦；"三焦火起"，即怒火中生的意思。如："德氏三焦火起，推了一掌道：'不能由着你！'说罢，顿足而出。"

"寡妇失倚"，表示寡妇孤独无依的样子。"倚"读作"业"。《红楼梦》中即按读音作"寡妇失业"。如："不瞒老太太说，我寡妇失倚的，养他这么大，真不容易。"

"抓尖儿卖快"，"抓尖儿"，拔尖儿，"卖快"，卖弄。"抓尖儿卖快"，意思是在人前遇事抢先，卖弄殷勤，亦是精明强干、不肯饶让别人。如："说话是干干脆脆，极其响亮；行事是样样不落场，事事要露露头角。简断截说，就是有点抓尖儿卖快。"

"邪魔外祟",即妖魔邪祟,指迷人作恶的东西。如:"莫非道儿上遇什么邪魔外祟纠缠住了?不然怎么一日一夜,天亮你才回来呢?"

"硬掐鹅脖",表示强制、强迫的意思。"脖"字儿化。如:"我与店主人硬掐鹅脖,你乐意去,也得随我去;不乐意去,亦不能由你。"

"打闷葫芦","闷葫芦",即扑满,俗称闷葫芦罐,未经打破,是猜不出其中藏有多少钱币的。"打闷葫芦",比喻猜不透的哑谜。如:"我辈既称知己,何不以真实姓名示我,叫我打闷葫芦呢。"

再举一些五字以上的俗语。

"一个戥子吃饷","戥子",即戥秤,用来权称金珠药品等重量不大之物。"吃饷",即旗人的"钱粮",凡旗人都有钱粮,按月发放。"一个戥子吃饷",说明二人关系亲近,不仅是一个旗的一个编队的,还在同一处领钱粮。如:"普二道:'大哥你又来啦。我们是同旗,同牛录,一个戥子吃饷,认一门子干亲,岂不更近乎了吗？'"

"嘴上没毛，办事不牢"，意思是说年轻人办事不老练、不牢靠。如："你这嘴上没毛的人，真有点儿办事不牢，赁上几件孝衣，也值得这么费事！"

"有井那年的事"，指自从有人烟的那一年，比喻很久以前。如："普二道：'嗳，不是我矫情，说话就得说理。别拿着有井那年的事来比如今。现在这维新的年头儿，挑分破护军，都得打枪。什么事要比起老年来，那如何是行的事。'"

"脚打脑勺子"，形容很忙，一刻都不能停。现常说"忙得脚打后脑勺"。如："那孩子鲜花似的，像咱们这二半破的人家，终天际脚打脑勺子，起早睡晚，做菜做饭的，就算是很好了，我说的这话，二爷想着是不是？"

"刨去两头，除去闰月"，即刨去出生、死亡的虚年，除去三年一闰、五年两闰、十九年七闰的闰月，即言岁数不大。如："他这个老家儿，可有点称不起，刨去两头，除去闰月，拢到一块儿就没有人啦。"

"舌头底下压死人",也作"舌头板子压死人",指言语之厉害。"舌头",指话语。如:"这是那儿来的事,你这舌头底下真要压死人。"

"杜康主动,四五子指使","杜康",是古代造酒者,后作酒之代称。"四五子",是"酒"的隐语,以四五相加为九,谐音"酒"。这句是说因喝酒而造成的。如:"闹得普二脸上一红一白,笑向市隐道:'瞧我们这位哥哥,可叫我说什么?平白无故的,弄得我满身箭眼。这真是杜康主动,四五子指使的。'"

"光棍眼睛里不能揉沙子",意思是无法忍受别人的糊弄、隐瞒和欺骗。如:"你不用瞒我,光棍眼睛里不能揉沙子,一半明白,一半糊涂着,左右是那么回事。"

"一辈子没有不见秃子的","秃子",指办丧事的和尚。"一辈子没有不见秃子的",意思是说人总是要死的,总要了结和结果。如:"搁着他的,放着我的,横竖一辈子没有不见秃子的。"

"大馒头堵嘴",意思是被事实堵上嘴,再

也不说了。如:"老太太,不用问了,大馒头堵了嘴了!"

"吹下子牛下子",即"吹牛"变换花样的说法。表现出趣味,也有强调的意思。如:"老台,咱们的眼力如何?你佩服不佩服?也不是吹下子牛下子,要专信你的话,全拧了杓子啦。"

"天牌压地牌",牌九"大王"压"地杠","天牌压地牌"即表示压迫、降制之意。如:"你不用天牌压地牌。咱们调查的话,也是有据有对。"

"一不扭众,百不随一",意思是少数敌不过多数。如:"俗语说:'一不扭众,百不随一'。谁叫你胡说白道,出这宗甑儿糕呢!"这句中的"甑儿糕",是北京的一种小吃,用甑的炊具制成。蒸甑儿糕的炊具为木制,形圆、底孔,高约四寸,径约二寸,将米粉加糖、芝麻,入内蒸之,四五分钟即熟,上面放瓜子、金糕条、青红丝。"出这宗甑儿糕",是借其中的"甑儿"之义,表示出了圈儿,出了范围,出奇谈怪论的意思。如:"俗语说:'一不扭众,百不随一。'谁叫你胡说白道,出这宗甑儿糕呢!"

"自作孽，不可活"，自己做的恶事，必须自己承担。如："问官道：'你作了欺天犯法的事，自作孽，不可活，你的公公如何能害你呢？'"

"小孩儿嘴里讨实话"，意思是小孩儿天真、诚实，不会撒谎。如："俗语说：小孩儿嘴里讨实话。那天二正说，伊嫂过门后并无不和。二十七日他跟他嫂子回家，一会儿就睡了觉啦，死鬼春英并没有辱骂阿氏的话呀！"

"驴脸子瓜搭"，也作"驴脸瓜搭"，即瓜搭着脸，拉长了脸，不高兴的样子。"驴脸子"，极形容脸面之拉长。如："我今儿喝点豆汁儿，他就驴脸子瓜搭，立刻就给我个样儿！"

"悖晦爷娘，不下雨的天"，"悖晦"，昏聩，糊涂，专用在形容老年人身上。"悖晦爷娘，不下雨的天"，意思是爹娘年老，有时糊涂，这和老天爷干旱不雨一样。如："众人皆陪笑道：'不要紧，不要紧。居家度日，这不是常有的事吗。俗语说：悖晦爷娘，不下雨的天。您也不用言语了。'"

"自家窝儿摆酒，关上门访事"：意思是表

示分析事理时能自圆其说。如："有理，有理，我不同你抬杠了。你真是自家窝儿摆酒，关上门访事。"

"屈死不告状"，在旧社会，由于政府昏庸无能、贪污腐败，致使社会底层的人没有任何的权利保障。告状也不会得到公正。因此老百姓说"屈死不告状"。如："中国的官事想来就不认真,俗语说:屈死不告状。真应了那句话了。"

"按葫芦掏子儿"，也作"按葫芦抠子儿"，"子儿"，即葫芦籽儿。把葫芦里的籽儿都一个个地抠出来，比喻特别认真。如："现在一万人中，足有九千九百九十九个人说是范氏，独有你我按葫芦掏子儿，偏偏的犯死凿儿。"

"滚了马的强盗"，指大盗，江洋大盗。如："你不要口强，慢说你这刁妇不肯承认，就是滚了马的强盗，也得招供！"

"缸儿里没我、岔儿里也没有我"，"缸儿"，指细小精美之缸；"岔儿"，是缸瓦碎片。"缸儿""岔儿"，谓整体与局部。这句的意思是无论从什么地方说，压根儿就没有我，和我一点儿关系也没有的意思。如："春英被害,是缸儿里没我、盆儿里也没有我,把我带到这里,岂不是活要我命吗!"

"穿房过屋的交情",意思是交谊深厚,互相往来时,家眷都不必回避。如:"文光的女儿认我作干爹,我常到他家里去;穿房过屋的交情,不分彼此。"

"显鼻子显眼",意思是极为明显。如:"现在各家亲友皆已来电,唯独你不过去,未免太显鼻子显眼了。"

"不看一个也当看一个",意思是不看活人的面子,也要看死去的人的面子。如:"依我看,事到这步田地,二姐夫是已经死了,你不看一个也当看一个。"

"亲戚远来香,街坊高打墙",意思是亲戚距离远,不容易见面,故此觉得感情好,邻居常见面,因此会产生矛盾,彼此提防。如:"俗语说:亲戚远来香,街坊高打墙。过来你们圆坟儿,好歹我找房搬家。"

"前房女儿继母娘",表示不相融洽,关系

合不来的意思。如："我同我们姑娘，许是前房女儿继母娘，不必说大过节儿，就是他一举一动，我连一星儿也看不上。"

"是婚姻棒打不回"，意思是婚姻都是注定好的。如："俗语说：是婚姻棒打不回。记得前年春天我同姐姐题过，所说的那家，就是张家这位少爷。"

"出了笸箩陷火坑"，意思是永远跳不出来，没有出头翻身之日。如："照他那一说，莫非我愿你出了笸箩陷到火坑里去不成？"

"四水相合，门当户对"，俗谓嫁娶相宜为"四水儿相合，门当户对"。"水"字儿化。如："一来离不开，二来就这么一个女儿，总要个四水相合，门当户对，你们哥儿们全都愿了意，然后才可以聘呢。"

"碍着谁筋疼"，"筋疼"，本指自己的病痛，转指自己的事情。"碍着谁筋疼"，即关碍着谁的事情呢。《红楼梦》中有："听见了管谁筋疼，各人干个人的就完了。"如："咱们既不沾亲，又不带故，屈枉不屈枉的，碍着谁筋疼呢！"

"为什么许的",表示因为什么,所为何来的意思。如:"我这么南奔北跑,费力伤财,算是为什么许的呢?"

"半个语子话",即半句话,一半儿言语的意思。也说"半语子话"。如:"方才静轩进来,我们说了半个语子话,到底你所说这人,究竟是谁?"

我们再来看一些精彩的歇后语。

"二两五挑护军——假不指着的劲儿",意思是装作无所谓,根本没有指望。"护军",是清代守卫宫城的八旗兵。护军饷银,在清初是月支四两,后来日少,光绪、宣统的时候,只按七成发放,层层克扣,只能拿到二两五左右。"挑",是"充当"的意思。挑上个护军,也很高兴。人们都指望着挑上,说不指着,那是假话。如:"普二悄声道:'你过于糊涂,我看这孩子的神气,满是二两五挑护军——假不指着的劲儿。'"

"没事扔质子——吃饱了撑的","质子",即练把式的石墩子、石锁。"没事扔质子",意思是平日无故扔石墩子、石锁玩儿。如:"怪热的天,没事扔质子——真可是吃饭撑的。"

"扫帚戴帽子——都拿着当好人",意思是把别人都当成是好人。如:"老太太,您知道什么?扫帚戴帽子——都拿着当好人。"

"攒馅儿包子——晚出屉",歇后语。"攒"cuán,意思是"杂聚"。"攒馅儿包子——晚出屉"意思是笑别人为晚辈、后辈,不如自己的意思。"攒馅儿",是蒸食馅儿的一种,杂多种菜肴做成,质量很差,做成的包子要在最后卖,所以晚出笼屉。如:"小钰子,不是二哥拍你,攒馅儿包子——你有点儿晚出屉。"

"老虎戴素珠儿——充假慈悲",意思是用虚假的善心,欺骗别人。如:"你们娘儿俩,也不用老虎戴素珠儿——充这道假慈悲。"

"缩子老米——差着廒","缩"也作"梭",梭子米,即质量较差的,细而长的粗米;"廒",是仓廒,盛谷米的地方。"梭子老米——差着廒",即粗米不能和细米放在同一个仓廒里,要另放别处。即表示差很多,比不过的意思。如:"小钰子的话,到底是小两岁,不怨你薄他。俗语说的好,缩子老米——他差着廒哪。"

"木头眼镜儿——瞧不透",即看不出来、看不起,不相信的意思。如:"你这'神眼'的外号儿,我是木头眼镜儿——有点儿瞧不透你。"

"狗咬尿泡——瞎喜欢",歇后语。"尿",音虽,"尿泡"即膀胱。狗把尿泡当成是一大块肉,结果是空欢喜。如:"德树堂道:'狗咬尿泡——不用瞎喜欢。案子到部里翻案的多着呢。'"

"有事么——不搭棚",这是用反问的语气谓对方没事。北京旧俗"有事搭棚","有事",指办红白喜事、喜庆寿诞,都要搭罩棚。如:"有事么——不搭棚?既往这里来,就是没事。"

四 《白话聊斋》中的俗语

1.《白话聊斋》简介

《白话聊斋》也叫《说聊斋》或《讲演聊斋》,1922 年至 1928 年刊登于北京的《实事白话报》上。这个《聊斋》可以看作是说书人讲述蒲松龄《聊斋志异》故事的脚本。大多是庄耀亭的作品，仅少数几篇是湛引铭所作的。据孙德宣先生研究，这两位作者都是北京人，庄耀亭是满族。湛引铭可能是杨曼菁的笔名。这两个人的生平虽然不详，但是其作品确是用北京话写成,在《实事白话报》上连载,每次约七八百字。所讲篇目如下:《封三娘》《章阿端》《湘裙》《贾奉雉》《席方平》《霍女》《商三官》《侠女》《姚安》《折狱》《大力将军》《人妖》《向杲》《天官》《凤阳士人》《林四娘》《大男》《窦氏》《江城》《申氏》《娇娜》《乔女》《织成》《钟生》《颜氏》《八大王》《侠女》《丑狐》《土偶》《邢子仪》《萧七》《狐谐》《阿绣》，共33部。

2.《白话聊斋》中的俗语

先来看一些三字格的俗语。

"不了贺儿"，意思是吃不消。如："无奈跑的工夫大了，觉着阵阵腰酸腿疼，简断捷说，连钟生都有些不了贺儿。"(《钟生》) ｜"走了约有一箭多远,大奶奶敢情就不了贺儿啦。"(《凤阳士人》)

"吵包子"，指吵架。如："虽不知万生有大

奶奶没有,可是即便有,也没甚么碍事,彼此谁也不见谁,决计不能吵包子。"(《狐谐》)

"吃圈子",意思是设圈套。如:"南某说这是没有的事,这不定是那儿打发来的,八成许是要吃圈子。"(《窦氏》)

"动真章儿",表示动真格的,较真儿。如:"闹了半天,这位县太爷敢则是假文明,嘴里说点子新名词,动真章儿还是依然如故。"(《折狱》)

"裹秧子",意思是裹乱。如:"咱们哥儿俩没碴儿没炸儿犯的上跟他们裹这个秧子。"(《江城》)

"喇嘛啦",表示喝醉了。如:"喝来喝去,晏仲就有点儿喇嘛啦。"(《湘裙》)

"瞎张事",不该管的闲事。如:"外人不知其细,难免又要胡说混说,都说他放着正事不办,可又弄这些瞎张事。"(《颜氏》)

"凿死卯儿",表示追根问底。如:"这不过就是随便一说儿,不能一定凿死卯儿。"(《霍女》)

"碰了脆",表示凑巧发生矛盾。如:"邢爷虽然问心无愧,听着也是蹩拗的慌,又是一个

近邻街坊，知道哪会儿碰了脆，真要一下子赶在点子上那可就撒手不由人啦。"(《邢子仪》)

"打糠灯"，意思是开玩笑，胡扯。如："苒说无意中见过一回，焉能谈到终生事，不用说，必是拿我打糠灯。"(《封三娘》)

"递嘻和儿"，意思是递和气。如："赶紧递嘻和儿，说：'呦喝，你回来啦。'"(《申氏》)

"斗经纪"，表示挑衅。如："谁要这们一二楞，就算他是斗经纪。"(《贾奉雉》)

"对嘴子"，意思是当着对方证明某人说的话，对话茬儿。如："从前原是说着玩儿，不想真有了对嘴子,这一来反倒弄假成真。"(《折狱》)

"改透了"，表示极端挖苦。如："好吗，世界上要有这个样儿的令尹，可把人给改透了透啦。"(《八大王》)

"故故由儿"，意思是事端，事故。如："好小子，你的胆子总算不小，刚一离开我的眼儿，你就闹上故故由儿啦。"(《江城》) 也作"事故由儿"，如："要往细里说，事故由儿可就多啦。"(《娇娜》)

"叫条子",旧指招妓女侍酒。如:"老年间虽然没有警察,也不能在酒铺儿里叫条子。"(《江城》)

"听贼话儿",意思是偷听别人谈话。如:"说话间见门外有一少女,偷着在那里听贼话儿哪。"(《湘裙》)

"整脸子",指很严肃不随便嬉笑的面容。如:"要说人家这位姑娘,可跟普通的姑娘不同;不但平日不爱说话,外带着还是整脸子,称得起面如桃李,冷如冰霜,走起道来,目不斜视。"(《侠女》)

"钻狗洞",意思是走暗门子。如:"只有一样儿,不心痛钱,没事儿就爱钻狗洞,那怕是一个下三滥,只要是女的敞开儿花。"(《霍女》)

"吵螺丝",表示吵闹。如:"睡的好好儿的你哭起来,这不是诚心吵螺丝。"(《章阿端》)

"打恋恋",表示经常有联系,有来往。如:"此人专喜左道旁门,没事跟白莲教打恋恋,学了些左道之术。"(《邢子仪》)

"斗闷子",表示开玩笑。如:"没事跟姑娘

儿一斗闷子,自觉总算开了心啦。"(《阿绣》)

"格不住",意思是禁不住。如:"无奈家有万贯,格不住日不进分文。"(《霍女》)

"稀奇罕儿",指稀罕的事物。如:"按说生产为女子的天职,并不算甚么稀奇罕儿,无如妾身没过明路,这件事情未免太难。"(《侠女》)

"斜么阡",表示微斜着。如:"就听下面砰的一声,斜么阡的正掉在鸟儿的身上。"(《邢子仪》)

"进儿亮",表示特别发亮。如:"孔生一瞧,不但吃喝儿讲究,所有房中的摆设,身上的衣服,无一不是进儿亮。"(《娇娜》)

"下三滥",指卑劣的人(骂人的话)。如:"总算人家深明大义,譬如要换个下三滥,当时就得头破血出。"(《湘裙》)

"闹闲杂儿",指说闲话,唠闲篇儿。如:"满打就算打不起来,多少也得闹两句闹闲杂儿。"(《湘裙》)

再来看几例四字格的俗语。

"溜杵格念",指一无所有。"格念",指做生意。某些行话以溜、月、汪、斋、中、申、兴、张、艾、菊分别表示一、二、三、四、五、六、七、八、九,十等数字,"杵"表示钱。"溜杵"即一个钱没有。如:"四个旮旯儿七个空,这份儿穷你就不用问啦。别看人家溜杵格念,性情可是古鲠之极。"(《邢子仪》)

"忽巴拉儿的",表示突然。如:"假如谁没见过谁,这件事或者容易办,人人都知道常在一块儿,忽巴拉儿的怎么又提亲哪。"(《窦氏》)

"受夹板儿气",指受到双方面的欺压。如:"等到一受上夹板儿气,反倒没有这会儿舒服啦。"(《八大王》)

"不得哥儿们",表示不受人喜欢,令人讨厌。如:"及至一瞧这位姑娘,别提有多不得哥儿们,头不像头,脚不像脚,要多难看有多难看。"(《湘裙》)|"越瞧女子越不得哥儿们,问不的心里有多憋拗。"(《丑狐》)

"不得烟儿抽",表示不得意,窝憋。如:"只有申氏见大男一贵,心里越发的不得烟儿抽,想着他要记恨前仇,必要设法凌虐我。"(《大男》)

"大海茫茫",表示任性不拘小节。如:"孝廉说:'请坐,千万别拘,我这个人向来是大海茫茫,一拘束反倒没有趣儿啦。'"(《大力将军》)

"犯牛脖子",表示固执己见。如:"且人家非常恭敬,何苦一定犯牛脖子。"(《娇娜》)

"一把死拿儿",表示固守成规,不知变通。如:"您要永远一把死拿儿,固然是没有多大想儿啦,若能稍微的活动活动,还不至于困顿一生。"(《贾奉雉》)

"一头儿沉",比喻偏于一方面。如:"无如爱情是出于自然,一头儿沉那有甚么意思。"(《萧七》)

"冒而不登",表示贸然,突然。如:"田氏说我跟他素不相识,冒而不登去请人,碰巧了就许不赏脸。"(《人妖》)

"皮科笑话儿",意思是说逗笑的话。如:"不但能说会面且工于戏谑,没事就是皮科笑话儿,可是不能撒大村。"(《颜氏》)

"乌鲁巴秃",形容办事情没有结果,糊里糊涂。如:"至于死而复活的那句话,那就无凭

查考啦,譬如要没有三娘的异药,乌鲁巴秃也就完啦。"(《封三娘》)

"眼皮子薄",意思指眼光短浅。如:"这话可不是我眼皮子薄,凭名姓儿谁家您待不了。"(《窦氏》)

"一六伸七",表示同流合污,一同胡来。如:"不过这位是某绅的小姐,我可不能硬作主,人家原是闺门幼女,焉能跟着我一六伸七。"(《邢子仪》)也说"一六神七",如:"小家女儿虽然野蛮的多,也得看男家是怎么人物;如果男人稍知大体,也不能跟着他一六神七。"(《江城》)

"五脊六兽",指心神不定。如:"把老太太气的五脊六兽,也摸不清他是哪儿的病。"(《阿绣》)|"柳生虽然嘀咕,万不能们五脊六兽,不过遇见这样奇事,也不能说不动心。"(《织成》)

五字以上的俗语如:

"不是省油灯",用来形容不安分的人。如:"姓姚的我不是省油灯,可也不算是费油的蜡。"(《姚安》)

"气死海里奔,不让猴头狗":"海里奔"和

"猴头狗"是两种怪兽。"海里奔"原是满语"海里奔比""海拉伯勒扎喀（hihalambi）"的省略，是"稀罕""稀罕之物"的意思。"猴头狗"比喻调皮捣蛋的人。如："真要搭这们位二伙计，反倒多添一份儿糟心，气死海里奔，不让猴头狗，谁能花钱呕这气。"（《湘裙》）

这些俗语运用巧妙，形象生动，饶有趣味。下面我们举几组意思相近或相关的俗语。首先，举几个用来形容人的俗语：

"吃生米儿的"，指更强硬的对手，蛮不讲理的人。如："一直闹到二十年七月，这才遇见了吃生米儿的。"（《人妖》）

"二梭子"，指胆小怕事的人。如："朱氏听见这个儿，焉能有个不着慌，吓的好像二梭子一般。"（《邢子仪》）

"老帮儿脆"，指老妇人，也泛指老人（含轻蔑意）。如："刘生既不肯违母命，心目中还知道大礼，不然就凭个老帮儿脆，能够制的住少爷吗？"（《阿绣》）

"里码子"，指自己人；自家人。如："这事

要换在别人身上,无多有少得沾个光,咱们都是里码子,过不着那套。"(《席方平》)

"休窝子",表示腼腆,怕见生人的人。如:"大家听说不肯见客,都以为必是休窝子。"(《颜氏》)

还有一个俗语叫"刘二哥",这个词并非指人,而是指人死亡。如:"姚某一听,心想干啦,这——来八成要刘二哥。"(《姚安》)其他表示"死亡"之义的俗语还有:"回老家",如:"错非他是那个玩艺儿,我早就叫他回了老家啦。"(《侠女》)"皮儿两张",如:"要不是遇见这们一位,王二喜就许皮儿两张。"(《人妖》)"湾回去",如:"而且老身年已向暮,不定早晚就湾回去啦。"(《侠女》)

再来看两个跟身体有关的俗语:"大马爬",指身体向前跌倒。如:"刚一倒脚,没留神脚底下被人绊,往前一栽,差点儿闹了个大马爬。"(《织成》)而"大仰颏",指身体向后倒下。如:"就说你们那份儿不要脸,真能气人个大仰颏。"(《凤阳士人》)

表示生气、恼怒的俗语："摇头恍（晃）"，意思是恼怒。如："当下越想越不是味儿，由这儿可就摇头恍啦。"（《邢子仪》）"炸了烟"，表示发怒。如："姚某究属经验的少，所以一见窗外的钥匙，立刻他就炸了烟。"（《姚安》）"猴儿花"，指因发脾气而蹦跳，撺儿了。如："不用问，内监也有点恼意，遂把这话对王爷一说，王爷当时就猴儿花啦。"（《八大王》）

有几个俗语中有"东村"这个词，但"东村"无义。如"打东村"，就是打的意思。如："来呀！拉下去给我打东村！"（《折狱》）"跳东村"，就是跳的意思。如："就见封三娘借劲儿使劲儿，从墙头儿上硬往下跳东村。"（《封三娘》）

表示蛮不讲理之义可以说"耍三青子"，如："都说这叫甚么事，一个出家人这不是耍三青子，这位堂客本就不好惹，岂不是诚心往岗子上碰。"（《江城》）还可以说"耍毛薑"，如："我要来谁也挡不住，我要走谁也拦不了，不论怎么说得由着我，用不着作下人的耍毛薑。"（《阿绣》）

有些俗语中都有"耍"字，但意思却不尽

相同。"耍张年儿",表示仰仗时运。如:"这下子可活活的耍了张年儿。"(《商三官》)"耍骨头",意思是调皮捣蛋。如:"你这是诚心耍骨头哇。(《姚安》)|再要跟我们耍骨头,你可是找着不自在。"(《席方平》)

第六讲
老舍作品中的俗语

一 老舍及其作品概说

老舍(1899—1966),本名舒庆春,字舍予,生于北京,满族正红旗人。中国现代著名小说家、剧作家。1924年远赴英国,任教于伦敦大学东方学院,并开始创作长篇小说。归国后曾在齐鲁大学、青岛大学教书。1949年后任中国作家协会副主席、北京市文联主席等职。

作为现代文坛的著名作家,老舍先生在他四十多年的创作生涯里,不断进展与突破,取得了巨大的成就。一生创作作品众多,包括近百部小说和三四十部剧本。其代表作品主要有长篇小说《老张的哲学》《骆驼祥子》《四世同堂》《正红旗下》等,中篇小说《出口成章》《我这一辈子》等,中篇小说集《月牙集》等,短篇小说集《微神集》《樱海集》《贫血集》等,戏剧《龙须沟》《茶馆》等。老舍的作品大都取材于社会底层平民生活,口语风格浓郁,呈现出独具特色的京味儿特征。老舍先生的作品深受翻译家的喜爱,曾被翻译为二十多种不同文字的版本。它们都具有浓郁的民族色彩和独特的幽默风格,达到了内容和形式上的雅俗共赏,因此赢得了国内及国外众多的读者。

下面简单介绍老舍先生的几部代表著作:

《四世同堂》:在这本书中,老舍用通俗、地道、富有生活气息的北京口语来写北京人和北京事。将经过他的提纯加工的北京话口语运用到叙述、描写和对话之中,是本书最引人注目的一个亮点。

《正红旗下》:是老舍先生生前最后一本小说,也是一部自传体小说,描述的是清代末年北京城内满族旗人的生活场景。

《茶馆》:创作于1957年的《茶馆》,是当代话剧的精品杰作。它生动地描绘出了北京市井生活与民俗风情，散发着浓郁的京味文化气息。

《骆驼祥子》：主要讲述了新中国成立前北京人力车夫的辛酸生活。京味语言特色在这本书里有着淋漓尽致的展现。

二　老舍作品中的北京话

老舍先生曾说："从生活中找语言，语言就有了根；从字面上找语言，语言便成了点缀。"正是这个思想使得他的作品生活气息浓郁。老舍先生热爱北京，作品中处处可以体味到地道的老北京的生活气息。形形色色、各种行业、各种吃食都让读者如闻其声、如见其形。

比如《赵子曰》中的"煮白薯"。小贩吆喝"栗子味咧——真热！"把睡懒觉的赵子曰从梦中叫醒，三下五除二的穿上衣裤，走出了大门，"赵子曰点了点头，慢慢的走过去，看看白薯锅，真的娇黄的一锅白薯，煮得咕嘟咕嘟的冒着金圈银眼的小气泡,'那块锅心几个子?'赵子曰舔了舔上下嘴唇,咽了一口隔夜原封的浓唾沫……春二用刀尖轻轻的把那块'钦定'的白薯挑在碟子里,跟着横着两刀,竖着一刀,切成六小块,然后,不必忙而要显着忙的用小木杓盛了一杓半黏汁,匀匀的往碟上一洒。手续丝毫不苟,作的活泼而又生气。最后,恭恭敬敬双手递给赵子曰。""锅心"就是指煮得又烂又甜,还略带焦煳的脆皮儿的白薯。

再如旧时牙行的规矩,有"成三破二"之说,即从买方(成)提取百分之三的佣金,从卖方(破)提取百分之二的佣金,合计百分之五;成交额越大,提取的佣金也就越多。如《四世同堂》:"有他在中间,卖房子的与买房子的便会把房契换了手,则他得到成三破二的报酬。"

"打鼓儿的",旧时北京街头敲着小鼓,收买旧货旧衣服的小贩。如《骆驼祥子》:"祥子由那些旧衣服中拣出几件较好的来,放在一边儿;其余的连衣服带器具全卖。他叫来个打鼓儿的,一口价卖了十几块钱。"

老舍先生的文中提到过"便宜坊","便宜坊"要读 biàn yì,这是因为最早开设这家售卖简单吃食的店铺时,叫做"便意坊",就是方便、随意、合适的意思,后来才改"意"作"宜"。但人们还是按照习惯来叫 biàn yì。如《离婚》:"各色的青菜瓜果,从便宜坊的烤鸭,羊肉馅包子,插瓶的美人蕉与晚香玉,都奇妙的调合在一处。"《正红旗下》:"假若一定问我,有什么值得写入历史的事情,我倒必须再提一提便宜坊的老王掌柜。他也来了,并且送给我们一对猪蹄子。"

"压轴儿","轴儿"读去声、儿化,也说"压轴子"。"轴儿"或"轴子",是北京人听戏时的专门用语,杨懋建《京尘杂录》中写道:"梨园登场,日例有三轴子。日轴子客皆未集,草草开场;继则三出散套,皆佳伶也;中轴子后一出,曰压轴子,以最佳者一人当之;后此,则大轴子矣。大轴子皆全本新戏,分日接演,旬日乃毕。"如《四世同堂》:"西单牌楼的一家剧场演义务戏,戏码相当的硬,倒三是文若霞的《奇双会》,

压轴儿是招弟的《红鸾禧》,大轴儿是名角会串《大溪皇庄》。"《四世同堂》还有"倒三",也与"压轴儿"有关。"她唱倒第三,有好多人专来捧她,她今天要是不露,得,一个人一喊退票,大伙儿准跟着起哄,至少也得把茶壶茶碗都摔了。"这是因为最后一出戏叫"大轴儿";"大轴儿"之前为"压轴儿",也叫"倒二""倒第二";"压轴儿"之前为"倒三""倒第三",最初为"帽儿戏",即开场第一出戏。

北京人骂人常说一个词"姥姥","姥姥"是一个否定意义的语气词,表示不行、没门儿或不相信、不服气,是粗野的口气,一般只出现在男人的口里。《骆驼祥子》:"我管教女儿,与你什么相干?揍我?你姥姥!你也得(děi)配!"意思是说:你想揍我?根本没门儿,你小子还不够资格,还差得多!

"怯货",是胆小鬼的意思。《离婚》:"老觉得自己是个新人物,有理想,却原来是地道的怯货,不敢向小科员们说半个错字,不敢给他们作开心的资料!""怯场"为紧张害怕的意思。

《四世同堂》:"她的嗓子并不比以前好,可是作派十分的老到。她已不怯场,而且深知道必须捉到这个机会,出一出风头。""怯劲"还指性生活不力。如《牛天赐传》:"可是自己已经五十多了,恐怕不易再生小孩了;况且牛老者那个怯劲。"

四字格词语中的"胡",有任意乱来的意思,比如"胡吹乱嗙"即胡乱吹嘘。"嗙"音pǎng,也是自夸、吹嘘。《四世同堂》:"他很谨慎的保守他的出身的秘密,可是一遇到病人,他还没忘了卖草药时候的胡吹乱嗙;他的话比他的医道高明着许多。"有些"胡"字打头的词,常常嵌入"八"字,而"八"字并没有什么实际意义。如《离婚》:"他年轻的时候,胡逛八扯,哎,什么也不用说,命苦就结了。""胡逛八扯"就是"胡逛"的意思,书中的吴太太说自己丈夫年轻时候嫖妓,不好意思直说,即以"胡逛"替代。再如《四世同堂》:"她不能再激怒了高弟,使高弟也去胡闹八光,她只好骂桐芳。"

有些词语,尽管词形与普通话相同,但在

北京话中却有不同的读音。

"自己"的"自",在北京话里一般都读作阳平 zí。《离婚》:"什么李先生赵先生,官腔;小赵,老李,多么痛快,多么自己。"这里的"自己",要读 zíji,"己"字轻声。指亲近、近乎,关系亲密、自家人。"自管"是副词,是尽管、只顾的意思。如《牛天赐传》:"自管打他,不打不成材料!""自要",是连词,只要、如果的意思。如《二马》:"自要人家一说中国好,他非请人家吃饭不可;人家再一夸他的饭好,得,非请第二回不可。"《牛天赐传》里这样句子也很多:"再给他十块,怪苦的,自要别上外边说去!""细想起来,自要你注意自家的事,也就没那么大工夫再管世界了。""自有",是只有的意思。如《老张的哲学》:"十块钱如何够花的?""俭省着自有剩钱的!"以上的"自"都读阳平。

"混了心",意思是说人糊涂、很糊涂,"混"要读阴平 hūn。如《四世同堂》:"你敢跟我瞪眼哪,可以的!我混了心,瞎了眼,把你也救出来！死在狱里有多么干脆呢！"这是说自己糊涂。《老张的哲学》："孙八，傻小子！你受了老张的骗！你昏了心！"这是说对方糊涂，晕头转向地相信别人。老舍先生用字不定，有时还用"浑着心"，如《赵子曰》："'他到底和她有什么关系？我怎么浑着心从前不问他！'拍，拍，打了自己两个嘴巴。"使用这个词儿的时候，都表示是为了某一件事情，某一个目的，直接去做，不考虑其他的因素，所以说糊涂。

老舍先生的《老张的哲学》有这样一个"铛铛儿"："赵四说：'巡警管我叫铛铛儿，我不明白是什么意思，所以用他来说一切不好的事。姑娘你聪明，大概明白我的意思。'"在解放以前，或者五十年代中期，北京的有轨电车，人们管它叫铛铛儿车（diāngdiangr 车），这个 diāngdiang 是个拟音词，因为电车司机脚底下都踩着个铃铛，铛铛作响，风驰电掣，一路而来，"铛铛"儿化音变，即为 diāngdiangr，第二个"铛"轻声、儿化，写作"铛铛儿"。在《老张的哲学》里，几次出现"铛铛儿"，却不是指有轨电车,是指傻、笨、不开窍、不懂行的人。又可以作"傻铛铛儿"例如:"不过有时候巡警叫他'怯八义''傻铛铛儿',……赵四未免发愁。""铛铛儿"还可以指无足轻重的东西物品。仍如《老张的哲学》:"他,他不是要买你当(dàng,典当)那不是姑娘们应当当(dàng)的铛铛儿吗?"陈刚先生的《北京方言词典》有"diāng"这个音,"diāngdiangr字作噹噹儿","diāngdiangr chē"字作"噹噹儿车"。"噹噹儿",就是老舍作品里的"铛铛儿"。陈刚先生释义有三:(1)说话多而没有分寸的人。(2)同"怯噹噹儿"。(3)(旧)煤油小贩打的一种黄铜响器。

"走溜儿"在北京话中念作zǒu liǔr,意思是散步、走来走去。如《牛天赐传》:"一到天亮,他就再也睡不着,起来在院中走溜儿,他咳嗽。""天赐不愁,也不生气,低着头在屋中走溜儿,一点主意与思想都没有。""走溜儿"是因为心里有事,一时没了主意,所以走来走去。如《离婚》:"到了张家,大哥正在院中背着手走溜儿,他的背弯着些。"又如《四世同堂》:"她开始在院中慢慢的走溜儿,一边儿走一边儿思索对付李空山的方法。"陈刚先生的《北京方言词典》里写作"走绺儿""走柳儿"。

"显摆","摆"变阴平 bāi,或轻声 bai。意思是炫耀于人,向别人夸耀自己。如《骆驼祥子》:"他以为这么来的一个老婆,只可以藏在家中;这不是什么体面点的事,越少在大家跟前显摆越好。"有时还写作"显排",如《二马》:"这又是打哪里听来的,跟我显排?""显着",意思是指表现出来,明摆着。如:"天可是已显着短了;北方的秋天有个毛病,刚一来到就想着走,好像敷衍差事呢。"(《牛天赐传》)

"外场"的"场"要读 cháng。意思是在外面混事,场(cháng)面上很注意人缘或做派。陈刚先生所著《北京方言词典》的解释是:一是善于交际;二是在交际场上很体面。如:"本名自二立,艺名白花蛇,说相声的。他很外场,也怪狡猾。"(《方珍珠》)有时也说"外场人",如:"你知道,我们外场人最讲脸面;昨天我姓刘的可丢了人！"(《四世同堂》)"他要闹脾气，又不肯登时发作，他知道自己是外场人，不能在亲友面前出丑。"(《骆驼祥子》)"外场人用不着费话,你说真的吧！"(《骆驼祥子》)还可以说"外场劲儿"，常与动词"拿"，组成一个固定词组"拿着……劲儿"，如："她咽了口吐沫，把复杂的神气与情感似乎镇压下去，拿出点刘四爷得来的外场劲儿，半恼半笑，假装不在乎的样子，打了句哈哈：'你可倒好，肉包子打狗，一去不回头啊！'"(《骆驼祥子》)

有些单音节的词语，在北京话中有其特有和意义和读音。

"倾"，是个单音的北京话，读作平声。本义是坑害，却往往反语见义，用于表示爱到极点。如《老张的哲学》："'来了！我的宝贝！你可知道叫"妈"了！你个倾人的货！'王夫人看见儿子明白过来，又是哭，又是笑。""'她！我的宝贝！不亏了她把你的邪气冲散，你就把我倾死了！'说着王夫人又落下泪来。"爱到极点，往往说反语，语言学上称为"反语见义"，如"可憎才""一杀的""该死的""小业障"等等。"倾"即如"坑",是陷害的意思,"倾人的货"即害人的东西,"倾死了"即坑死了人。都可说是爱极了的反语。

"弄",是取得或做的意思。如《离婚》中:"邱先生是个好人,不过有点苦闷,所以对此事特别的热心,过来和小赵嘀咕:'大家合伙买二斤茶叶,瞧她一眼,还弄老李一顿饭吃;你的司令。'""还弄老李一顿饭吃",就是让老李请吃一顿饭。"弄"正音读 nóng,但在北京话里常有音变,作 nèng 或 nóu。这里的"弄"以及"你弄什么哪?""赶快弄点儿吃的!"以及例中的"弄老李一顿饭吃"应读作 nèng 或 nóu。

"淌",表示在不好的情况下,或不明底细,而径往前走。如:"现在,他知道应当怎样的小心,也知道怎样的大胆,他莫名其妙的要往下淌,又清清楚楚的怕掉下去!"(《骆驼祥子》)|"可是,头一次去拜访就输了九块多,按这么淌下去,淌到那儿才能摸到底儿呢?"(《文博士》)

"来",表示得到。如《离婚》:"即便是旁听生，到时候也得来张文凭。"指得到一张文凭。"来一壶酒""来一段儿""照样儿再来一回"，表示某种动作。"我来廉颇"，即扮演。"来派"，指某种情绪、神情、态度，含有气势、势头、气派的意思。如《离婚》："邱先生没往下说什么，可是那个笑在眼角上挂着，大有一时半会儿不能消灭的来派。""来的"，若是放在数量词之后，表示大约有的意思。如《四世同堂》："又过了几天，刘太太忽然回来了，拿来有一斤来的小米子，送给祁老人。""一斤来的"，即约有一斤、一斤多一点儿。"来着"，用于动词或者动宾结构的词语之后，表示曾经做过、或是已经完成的持续。如《四世同堂》："他说什么来着？""他真打仗来着吗？"，"来嘹"（"嘹"是"了"的音变，平声、重读、声长），表现出人物的高亢，兴奋。如《龙须沟》："来嘹！赵大爷，我来嘹！"

有些词语，在今天的北京话中依然活跃。如：

"简直的"，在北京话里，也可以说"照直的"，是索性、干脆的意思。如《四世同堂》："等到事情过去，你对别的朋友用不着详述闹事理的首尾，而只简直的——必须微微的含笑——说一声：'他们那件事是我给了的！'""简直的……说"，就是不带拐弯抹角地，直截了当地，照直了地说。

"就手儿"，是个副词，顺手儿、捎带着的意思。如老舍早期的小说《二马》："马老先生想起上坟，也就手儿想起哥哥来了，夜里梦见哥哥好几回，彼此都吊了几个眼泪。""白吃白喝一晚上，就手儿看看英国上等社会的状况，今天的客人全是阔人，你去不去？"再如《小坡的生日》："随磕随往前凑，两个的脑门顶在一处，就手儿顶起牛来，小坡没有使劲，已经把妹妹顶出老远去。"《牛天赐传》："怎样办三天，如何作满月，也就手儿大概的想到；怎样给他娶媳妇，自己死了他怎样穿孝顶丧……"在《骆驼祥子》《离婚》《四世同堂》以及《方珍珠》也都用到这个词，句式也都是两个连续的动作，"就手儿"前的动作必须用动词短语，"就手儿"后的动作可用单个动词。

"可着"，是按照一定范围或数量的意思。

如《骆驼祥子》:"讲好的是可着院子的暖棚,三面挂檐,三面栏杆,三面玻璃窗户。"

"麻利",意思是办事讲究效率,不拖泥带水。如《骆驼祥子》:"我现在用着的人太懒,他老不管擦车,虽然跑得也怪麻利的。""麻利"后边可以加"脆"或"快",如:"我虽是个老娘们,办事可喜欢麻利脆!婚事不许再提,礼物你拿走,我再送你二百块钱,从此咱们一刀两断,谁也别麻烦谁。"(《四世同堂》)

"轻易",也可作"轻容易",即平常、随便、一般的意思。如"对于'个子'、力气差不多与小坡相等的,他也轻易不用脑袋;用拳头打胜岂不更光荣,也显着不占便宜啊。"(《小坡的生日》)

"轻忽"是轻视疏忽,不重视的意思。如:"我自恨没有成功,我什么也不后悔,只后悔我只顾念书而把身体的锻炼轻忽了。"(《赵子曰》)

"轻利"是轻爽便利,举动便捷的意思。如:"作事的时候穿小褂,一样的方便!绸子衫儿,葛布衫儿比什么都轻利,而且好看!"(《二马》)

有些北京话词语,已经不太常用。如:

"嚼谷儿"有时写作"嚼谷"（但读起来必须儿化），指生活费用、衣食用度、日常开销。老舍先生的作品里多次使用，如《骆驼祥子》："车只是辆车，拉着它呢，可以挣出嚼谷与车份，便算完结了一切。""他还强打着精神，不专为混一天的嚼谷，而且要继续着积储买车的钱。"《牛天赐传》："到了八月节结帐，三个买卖全不赚，只将够嚼谷。"《茶馆》："是呀，我走，好让你们省点嚼谷呀！""挣嚼谷""混嚼谷""省嚼谷"，就是说挣出钱来、省出钱来。

"讨换"（"讨"读阳平，"换"读轻声），是要的意思。如《四世同堂》："他想讨换几个英国字，好能读留声机片上的洋字。"是说长顺想找丁约翰"要"几个英文字。

"饶头"（"头"一般都要轻声、儿化，更显着细小零碎，不甚重要），另外多添一点的意思。如《文博士》："他觉着连看看都不必，成了这段事便有了一切，太太不过是个饶头，像铺子里买东西赠茶碗一样，根本谁也不希望那是顶好的磁器。"

"绕兑"指说话拐弯抹角，令对方上圈套的意思。"绕脖子"也是这个意思。如《茶馆》："喝，这么绕脖子的话,你怎么想出来的？""对,流氓！不对，那我也是流氓？大栓哥，你怎么绕着脖子骂我呢！""绕圈儿"也同"绕脖子"。如："你要是这么来回绕圈儿问我,我可要疯了！"(《小坡的生日》)

"绕住了"，是指被问题或难点缠绕，解脱不开，或想不通。如："我看昨个晚上你是有点绕住了，遇上急事，谁也保不住迷头。"(《骆驼祥子》)

"平地"，比喻原来没有苗头，却突然发生出现的事端。如《骆驼祥子》："拉车可以平地弄个三毛四毛的，作小买卖既要本钱，而且没有准能赚出三餐的希望。"拉车不像作小买卖，先要本钱，故曰"平地"。

"㧅㧅"，音 mā sa，是指用手掌轻轻下按，一下一下地捋,目的是使衣物平整，或身体舒展。如"㧅㧅衣裳"，"㧅㧅肚子"。歌谣有"㧅㧅㧅㧅肚儿，开小铺儿，又卖油盐又卖酱醋儿。""㧅洃把脸"，即匆匆忙忙、潦潦草草的洗一下脸。《骆驼祥子》："'嗯——'她鼻中旋转着这个声儿，很长而曲折……能刚能柔才是本事，她得洃洃他一把儿：'我也知道你是要强啊，可是你也得知道我是真疼你。你要是不肯找老头子去呢，这么办，我去找，反正我是他的女儿，丢个脸也没什么的。'"《说文解字》释义："洃：洃洃，饰（拭）灭貌，从水蔑声。"清人段玉裁注："拭灭者，拂拭灭去其痕也。洃洃，今京师人语如此，音如麻沙。"也写作"摩娑"，《释名·释姿容》曰："摩娑，犹末杀也，手上下之言也。"

"响晴"，这个词，是指整个儿天空。"响"是声音、音响，用声响的空阔嘹亮，来形容万里无云的天空。如《骆驼祥子》："响晴的蓝天，东边高高的一轮红日，几阵小东风，路旁的柳丝微微摆动。"《二马》："看了看外面，太阳还是响晴的。"《小坡的生日》："这时候，四外无声，天上响晴，鸟儿藏在绿叶深处，闭上小圆眼睛。"《骆驼祥子》："响晴的天空给人人脸上一些光华。"

"歇松",是无关紧要、差劲或放手不干的意思。如《二马》:"虽然一回官儿还没作过,可是作官的那点虔诚劲儿是永远不会歇松的。""事情已经有希望,何必再一歇松弄坏了呢!"也作"歇歇松松",意思是不很认真的、极随便的。如《二马》:"两只大眼睛,歇歇松松的安着一对小黄眼珠儿。眼睛上面挂着两条肉棱儿,大概在二三十年前棱儿上也长过眉毛。"

"转磨"(这两个字都要读去声),是指遇到了困难,不知所措,心里着急。如《四世同堂》:"瑞丰转开了磨。他既不能强迫大嫂非同他去不可,又明知自己不是胖菊子的对手,于是只好没话找话说的,和大嫂讨论办法。"《骆驼祥子》:"这些人时常为一块钱急得红着眼转磨,就是人借给他们一块而当两块算,他们也得伸手接着。"也说"转磨绕圈儿",比喻说话办事绕弯子,不是直来直去的。如《二马》:"明知道英国人是直说直办,除了办外交,没有转磨绕圈作文章的。"

三 老舍作品中的俗语

老舍作品中巧妙运用了大量的俗语,这些俗语生动、幽默,使其语言富于北京地域文化色彩,也使得老舍的作品对于北京话俗语研究来说具有独特的价值。

我们先来看两个表现北京人性格特点的词。

"有里儿有面儿",或说"懂里儿懂面儿",这是说北京人的风习:讲话和气,待人接物有礼貌、守规矩,办起事情来也讲道理,绝不胡搅蛮缠。如《四世同堂》:"瑞丰笑了。他虽浮浅无聊,但究竟是北平人,懂得什么是'里儿',哪叫'面儿'。北平的娘儿们,也不会像东阳这么一面理。""一面理",就是"没里儿没面儿"的一种表现。

"递嘻和儿"("嘻"字读阴平 xī,"和"字儿化),意思是当有求于人时,向人笑脸相迎,和气说话,表示自己的和善,或道歉、赔礼。如《牛天赐传》:"哼,对我递嘻和,我也不答理!"也可以说"递个嘻和儿""递一个嘻和儿""递一嘻和儿"。如《方珍珠》:"你要去递个嘻和儿,珍珠就有了下场,你有了饭吃,我们也能借你的光,有个办法!"也可不加"递"字单用作"嘻和儿",或"递和气",如《四世同堂》:"他不知道怎么办好:对他们递个和气吗,未免有失身分;虽然他目下的时运不太好,可是冠晓荷到底是冠晓荷,死了的骆驼总比驴大!"除此而外,"嘻和"不儿化,可作动词用,是宽慰、劝解的意思。

再看两个表示贬义的俗语。

"怯八义",又可以写作"怯八邑"("八"读阳平bá),指不懂行、外地来的、不懂本地风物人情的人。"八义"应该是"八邑","邑"指京郊外县,是京城里的人嘲讽外县人、看不起外县人的一句话,旧说有"京涿州,怯良乡,不开眼的房山县",但也只限于京郊畿辅,对外省的人不能说"怯八邑"。

"啬刻鬼",指吝啬、小气的人。如《四世同堂》:"他知道东阳是啬刻鬼,可是他也知道自己的三寸不烂之舌,即使东阳真是鬼,他相信,他也会把鬼说活了心的。""看这一家子,老少男女都是啬刻鬼,连看回电影都好像犯什么罪似的。"类似的词有"啬刻子"(sèkézi)和"啬刻儿","刻"字要读阳平。陈刚先生写作"啬壳子",正可见此词音变之特点。"啬壳子"还指做事胆怯、畏缩不前的人。

其他三字格的俗语有:

"眼皮子"指眼界,后面可以加"薄""杂""宽""浅"等字,用以指性情、心理、交际、门路等等。"眼皮子杂",谓见的人多,交际广;既然接触的人多了,难免良莠不齐,故曰"杂",略带贬义。如:"小赵没有别的好处,就是眼皮子杂点儿。"(《离婚》)"眼皮子宽",是说门路多,有手段、有本领的意思。如:"对了,他眼皮子宽,可不是。"(《离婚》)

"猛孤丁","孤丁"二字,都要轻声。意思是猛然的、突然的。老舍先生有两种写法:猛孤丁、猛孤仃。如《四世同堂》:"忽然的,槐树尖上一亮,像在梦中似的,他猛孤丁看见了许多房脊。光亮忽然又闪开,眼前依旧乌黑,比以前更黑。"《骆驼祥子》:"独自拉着座儿还好办,赶上拉帮儿车的时候,他猛孤仃的收住步,使大家莫名其妙。"

"信意儿",是肆意、任意、不多加考虑的意思。如《四世同堂》:"见到日本人他就过度的恭顺,不怕出丑,而见到中国人便信意儿的吊儿啷当。"《老张的哲学》:"我爱我侄女和亲生的女儿一样,我就不能看着她信意儿把她自己毁了!""信意儿"还可以中间加"着","信着意儿"。如《四世同堂》:"不能信着自己的意儿就这么走下去。"

"事不祥",为情势不妙,事变之征兆。如《四世同堂》:"瑞丰看事不祥,轻轻的拉了胖太太一把,二人没敢告辞,一面搅动牌局,偷偷地走出去。"

"卖嚷嚷儿","嚷嚷"在此要读阴平rāngrang,儿化,又可作卖嚷儿、卖三音、卖山音,是宣扬、招揽的意思。如《赵子曰》:"我决不是叫你上大街去卖嚷嚷儿,老赵,你听明白了!"《小坡的生日》:"林老板……说话也不像父亲那样理直气壮的卖嚷嚷儿。""卖嚷嚷儿"

还有一个：借此揭发别人缺点的目的，仍如《赵子曰》："所以他天天出来进去的卖嚷嚷，什么猴儿想吃天鹅肉咧，什么猴儿的屁股朝天——自己挂红咧，喝，多啦！"

"愣头葱"，形容人做事不加考虑，行为鲁莽。也作"愣葱"。如《女店员》"四虎子这小子，别看他愣葱似的，有时候一高兴也能做出巧妙活儿来。"《牛天赐传》："他真是个愣葱，也不问问冷热生熟，端起来就吃。"

"吃瘪子"指受窘，作难。如《骆驼祥子》："你知道他不好说话，让我去求他，我才不去吃瘪子呢。"

"嚼争理儿"，意思是争辩是非道理。例如《二马》："温都太太虽然不喜欢中国人，可是天生来的有点愿意和别人嚼争理儿；别人要说玫瑰是红的最香，她非说白的香得要命不可；至不济也是粉玫瑰顶香，其实她早知道粉玫瑰不如红的香。"

"挨着班儿"指依次，一个接一个地。《龙须沟》："以后还要挨着班儿地修马路呢。"

"吃挂落"意思是指受牵连。例如《月牙儿》:"我知道她是好意,我也知道设若我不肯笑,她也得吃挂落,少分酒钱;小账是大家平分的。"

再举几个四字格词语的例子。

"急赤白脸",是指焦躁、不耐烦、脸红脖子粗的样子。如《四世同堂》:"金三爷急赤白脸的教李四爷回家:'四爷,你一定得回家歇歇去!……你要不走,我是狗日的!'"《离婚》:"她把气咽下去,丈夫是好意,可是,何必那么急扯白脸的呀!"因为第二个字轻读,老舍先生有时还写作"急叉白脸""急叱白脸",如《骆驼祥子》:"大家都受了一天的热,红着眼珠,没有好脾气;肚子又饿,更个个急叉白脸。"

"不论秧子",("论"读作 lìn),意思是不管不顾,什么也不在乎,谁也不怕。如《骆驼祥子》:"你要是不愿意听我的,我没工夫跟你费吐沫玩!说翻了的话,我会堵着你的宅门骂三天三夜!你上哪儿我也找得着!我还是不论秧子!""不论"即不在乎("满不论"lìn 即"满不在乎")。"秧子"是指旧社会的纨绔子弟,游手好闲不务正业、人又不敢招惹的人。《国语词典》有"架秧子"一词，释义"对于富家子弟施以谄媚撮弄之术者"。早年间还流传一个歇后语"小白薯儿——不论（lìn）秧子"。

"平地抠饼"，金受申先生解释为："指没有本钱或本钱不大而办成了事。"徐世荣先生的《北京土语词典》解释为："比喻在一无所有的情况下，硬要其发出物质财富。"即白手起家的意思。多为演艺界、江湖人用语。如《方珍珠》："甭细说了，反正咱们作艺的都是平地抠饼……"老舍先生有时还用"平地掘饽"，如《二马》："她不爱你,何必平地掘饽呢！"在这儿指的是感情。"平地摔跟头"是无中生有，自己找事。如《离婚》："走极端是使生命失去平衡，而要平地摔跟头的。"《牛天赐传》："他在这时节既不能作诗，又不能做事，只会给人家添乱，一着急，会平地拌个跟头。"这是双关，一是指摔跟头，二是指自己起祸、找麻烦。

"大瓢把子"，是依据江湖上的切语，谓武艺高强者、强人的本领。如《四世同堂》："他以为不久他就会成为跺跺脚便山摇地动的大瓢把子的。"

"敲着撩着"即用冷言冷语,讽刺挖苦别人,但不直面说出;有时还不用语言,而是故意作出一种姿态,让人感觉到这种不满或讽刺。"敲着撩着"也作"敲儿撩儿","撩"读平声。《赵子曰》:"我告诉你,你个小——不用和老大哥敲着撩着耍嘴皮子!说真的!"《离婚》:"可是心中苦闷,总想抓个碴儿向谁耍耍刺儿才痛快。他敲着撩着说开了闲话,把公事完全推给了老李。"《女店员》:"可是,到今天,大家都是那么敲着撩着地暗示我是个落后分子!我不服气!"《二马》:"连那群爱听中国事的胖老太太们,全不短敲着撩着的损老马几句。老马有时候高兴,也颇听得出来她们的口气。"

"就棍打腿",比喻顺势或趁势行事。如《离婚》:"'二妹妹,咱们上厨房说话儿去,就手儿弄点吃的。'二妹妹的心放宽了,胃也觉出空虚来,就棍打腿的下了台阶,那么,我合大嫂子说会子去。"《我这一辈子》:"他们的目的是抢劫,……焉知不就棍打腿地杀些人玩玩呢？""小花猪口中已无那个药包，而且也吃点东西了。大家都很高兴，我就又就棍打腿的骗了顿饭吃。"

"不错眼珠"，是说眼睛一动也不动，直盯盯地看着，是全神贯注的样子。如《四世同堂》："想到这儿，他不错眼珠的看看钱先生，看了足有两三分钟。"《火葬》："我们的驻在文城东北村的那一旅人，就像猎户似的，不错眼珠的日夜监视着文城的敌人。"

"痒痒出出"，指痒痒。如："小姑娘们也看出便宜来，全过来用小手指头，像一群小毛毛虫似的、痒痒出出，痒痒出出，在他们的胸窝肋骨上乱串。"(《小坡的生日》)"痒痒的慌"，也是痒痒。如《二马》："马老先生在十天以前便把节礼买好送去，因为买了存着，心里痒痒的慌。"这里是指心理活动。

"嚼言咂字"，意思是指说话一字一句，字音清楚，并仔细品味字句含义。如《四世同堂》："这话对！对的很！咱们大家是好邻居，日本人也是大家的好朋友！晓荷嚼言咂字的说。"又可作"咬言咂字"。

"信马由缰",本是文言,意思是舍弃缰绳,任马自由。到了北京话里,却又成了俗语,意思是漫不经心、漫无目的、随随便便。如《老张的哲学》:"第二天,他一清早就出去了。没有目的,他信马由缰的慢慢的走。""他信马由缰的走到中央公园,糊里糊涂的买了一张门券进去。""信马由缰"四字念快了,"马"字可以读轻声。

"响晴白日","白"随俗音念作bó。意思是天气特别晴朗。如《骆驼祥子》:"南边的半个天响晴白日,北边的半个天乌云如墨,仿佛又什么大难来临,一切都惊慌失措。""响晴白日"也作"响晴薄日","薄日"是迫近太阳,离太阳近的意思。

"勺勺颠颠",指语言上啰唆,讲话絮絮叨叨,没结没完。如《牛天赐传》:"少上他妈屋里去,老了老了的,还这么勺勺颠颠的!""勺勺颠颠"也作"勺勺叨叨"。

"蜜里调油",形容关系非常好,亲密得不

能分开。如《四世同堂》:"他俩现在可好了,好得蜜里调油呢。"

"不得哥们",意思是没人缘,在同伙中不受大家欢迎。如《骆驼祥子》:"对于发邪财的人,不管这家伙是怎样的不得哥们,大家照例是要敬重的。"

"不差嘛的",意思是差不多。如《春华秋实》:"可是你熬了一天一宿了,不差嘛的该歇一会儿了。"

"不即不离",指待人不亲近,也不疏远。如《四世同堂》:"人家对谁都留着话口儿,对谁都不即不离儿的。"

"嘎七马八",意思是指乱七八糟。如《骆驼祥子》:"有时候他以为更应当努力去拉车,好好的把两个男孩拉扯大了,将来也好有点指望,在这么想到儿子的时候,他就嘎七马八的买回一大堆食物给他们吃。"

"一市八街",指满地,各处。如《牛天赐传》:"他头上出着汗,小褂解开钮,手和腕上一市八街的全是黑桑葚的紫汁。"

五字及五字以上的俗语有:

"晴天大日头",形容晴天,如:"年轻轻的,不乘着年轻力壮剩几个,一年三百六十天,不能天天是晴天大日头。"(《骆驼祥子》)还可以"晴天"比喻生活中平安无事。如:"是嘛,天有不测风云,哪能天天是晴天大日头的!你怎么样啊?默香!有困难吧!"(《女店员》)

"揣着明白的,说糊涂的","揣着明白"即心里明白,"装糊涂"即假装糊涂。如《骆驼祥子》:"'不用揣着明白的,说糊涂的!'老头子立了起来,'要他没我,要我没他!干脆的告诉你得了,我是你爸爸!我应当管!'"

"五脊子六兽"这个词儿,现在老北京人的口中还说,"五"字是读阳平 wú。意思就是指难受的样子。如:"对于上司,他过分的巴结,而巴结的不是地方。这,使别人看不起他,也使被恭维的五脊子六兽的难过。"(《四世同堂》)"可是,我舍不得我的活儿,一天不干活,就五脊子六兽的!"(《龙须沟》)"王宝斋没的可说,五鸡子六兽的受了礼,头上出了汗。"(《牛天赐传》）还可以略去"子"字，径作"五脊六兽"，如《四世同堂》："这些矛盾在他心中乱碰，使他一天到晚的五脊六兽的不大好过。"这个词儿的历史也很悠久，传为蒲松龄所作的《醒世姻缘传》中有："这五积六受的什么模样，可是叫亲家笑话！""五脊六兽"《国语词典》说："谓宫殿式之建筑，上有脊五条四角各有兽头六枚"。徐世荣先生说："古老建筑，屋脊上有兽头、鸱吻等琉璃瓦制的装饰品，样子多奇怪，五脊子六兽即屋脊上的多样兽头，借用比喻人的各种形态。"都有一定的道理。

"拉老婆舌头"或"拉老婆掖舌"（"拉"字亦可读作阳平），是爱说闲话、传言私语、挑拨是非的意思。如《方珍珠》："不是我爱拉老婆的舌头，自从二小姐上学没上成，我常看见她一个人在街上乱串。"《离婚》："老李想嘱咐她几句，不用这么拉老婆舌头，而且有意要禁止她回拜方墩太太去，可是没说出来。"考其语源，当从《诗经·大雅·瞻卬》"妇有长舌，维厉之阶"而来。俗语还作"拉舌头扯簸箕"，如《四世同堂》:"大嫂的嘴虽然很严密,向来不爱拉舌头扯簸箕,可是假若她晓得他去交结歪毛淘气儿,她也会告诉大哥,而大哥又会教训他们。"

"拉着何仙姑叫舅妈",比喻硬拉关系表示亲近,或缺少了某一事物不行。《赵子曰》:"'老赵!'武端挺起腰板很慷慨的说:'那条路绝了,不要紧,咱们不是还有别的路往那吗!不必非拉着何仙姑叫舅妈啊!'"

"三钱儿油,俩钱儿醋",比喻琐碎小事,"三"也写"仨"。如《龙须沟》:"修沟不是三钱儿油,俩钱儿醋的事,那得画图,预备材料,请工程师,一大堆事哪!"

"错翻了眼皮",意思是指责人估计错了。如《女店员》:"你小子错翻了眼皮,如今的妇女跟男人不折不扣一样尊贵。"

"打开鼻子说亮话",意思是有话坦率地说出,不藏在心里。如《方珍珠》:"你们二位,到底是什么意思?打开鼻子说亮话好不好?"也说"打开窗子说亮话"。

"大姑娘临上轿穿耳朵眼儿",比喻事先没

有准备，临时才想办法。如《老张的哲学》："闹散了会并不要紧，要紧的是假若政府马上实行自治。我们无会可恃，岂不是大姑娘临上轿穿耳朵眼儿！"

再举一些精彩的歇后语：

"客（怯）木匠——一锯（句）"，意思是说人木讷，只有一句话。如《骆驼祥子》："连个好儿也不问！你真成，永远是客（怯）木匠——一锯（句）。""客"读qiě，是客人的意思。北京人对家里来了客人，常说是"qiě来了"，"来了qiě，招待一番。"

"一张纸画个鼻子，好大的脸"，意思是斥责脸皮厚、不害臊。如《龙须沟》："二春：您心里光知道有官！老脑筋！我要结婚，就嫁个劳动英雄！大妈：一张纸画个鼻子，好大的脸！说话哪象个没有人家儿的大姑娘呀！"

"蛤蟆垫桌腿，死挨"，意思是毫无办法可施，只能一直忍受到死。如《柳屯的》："松儿大爷摇了摇头，夏大嫂是蛤蟆垫桌腿，死挨！"

第七讲

歌谣概说

一　老北京歌谣的历史

说老北京歌谣的历史，就要讲一讲老北京的历史。北京有七十万年的人类活动史、三千多年的建城史、八百多年的建都史。1987年在日本东京召开的"世界历史都市"会议上，40多个国家的代表承认，在世界十大首都华盛顿、伦敦、巴黎、柏林、罗马、莫斯科、开罗、东京、新德里和北京的辖区内，最早出现人类活动的就是北京。因此，在世界十大首都中，北京的历史最悠久。在三千年的建城史中，北京经历了六大发展阶段：一是方国都城、二是北方重镇、三是割据政权都城、四是北中国政治中心、五是全中国政治中心、六是当代中华人民共和国首都和国际大都会。北京从一个方国的都城发展到一个国际大城市，文化是其演进的关键因素。

北京历史上曾十二次变换身份，充当方国、地方割据政权、北方中国和全国的首都。他们是公元前415年与韩、赵、魏、齐、楚、秦等并列为七雄的燕，燕国的都城为蓟城；公元352至357年，前燕君主慕容儁，曾在幽州称帝，国号大燕；公元759年史思明自称皇帝，国号燕，建元顺天，改范阳为燕京，诸州改为郡；公元911年，刘守光在幽州称帝，国号大燕，改元天应（史称前燕、大燕、中燕）；公元938年辽升幽州为陪都，又称燕京，号南京；1153年金正式迁都，改燕京为中都；元、明、（大顺）、清、民国（初期）、当代中国的首都。

北京是个多民族杂居的地区，是中原汉族与北方少数民族交接的地带。历史上有辽、金、元、明、清五个封建王朝是我国历史上极其重要的时期，北京取代长安、洛阳等古都地位，成了全国政治中心。而在北京建都的五个封建王朝，有四代是由少数民族建立的政权：辽代南京的皇帝是契丹人；金代的中都皇帝是女真人；元代大都的皇帝是蒙古族；明代皇帝是汉族，但来京军队中很多军士是回族；清代的皇帝是满族人。

北京的歌谣是多民族文化融合的产物。金元以来，北京成为全国的政治军事经济文化中心。在文化方面，融满、汉、蒙、回各民族文化于一身，充分体现了北京文化的包容性与多元性。特别是满族文化对北京歌谣的贡献最为突出。满族是个善于说唱文学的民族，说唱是马背民族优秀的文化传统，这是汉族所不及的。满族入主中原以后，满族文化对汉民族文化的影响更加凸显。北京歌谣的繁荣与成熟充分证明了这一点。老北京有给新生儿"洗三"的习俗，这一习俗就是满族人流传下来的。"洗三"的时候，接生姥姥边洗边唱："洗洗头，不用愁；洗洗蛋，做知县；洗洗腰，一代更比一代高。"这样的吉祥话人人都愿意听，这也使得这首歌谣得以经久流传。

北京的宗教有道教、佛教、伊斯兰教、天主教和基督教。前四个宗教的全国性团体组织在北京。北京是一个和谐的多宗教城市。五大宗教的活动场所非常均匀地分布在旧日北京的四个城区。

北京自古以来就是多文化交融的地带，这里有中原农耕文化、西北草原文化、东北森林文化、东南海洋文化、西南高原文化五个地区文化在此交融。元代所建大都城各项设施是按照《易经》"取诸乾坤二卦之词"来安排的。明朝对元大都虽进行了改造，但继承了元代的设计思想。清代保留了明代北京建筑格局，更强化了北京城中轴线五行相生"象天设都"的思想。内城满洲八旗按五行分布：朝阳门、东直门内驻正白旗、镶白旗，取"金克木"；安定门、德胜门内驻镶黄旗、正黄旗，取"土克金"；西直门、阜成门内驻正红旗、镶红旗，取"火克水"；宣武门、崇文门内驻镶蓝旗、正蓝旗，取"水克火"之意。北京城外的地名也反映了这一地点：东方属木，青龙，以"木"和"龙"命名的古地名多；西方属金，白虎，以"金"和"虎"命名的古地名较多；南方属火，朱雀，以"火（红）"和"雀（凤）"命名的地名较多。

北京三面环山，太行山叫西山，与之环接的一段燕山称军都山，东面的山地属燕山山脉，是为"三山"。"五水"系指房山拒马河、门头沟永定河、昌平温榆河、密云潮白河、平谷沟河，这五条河所经流域形成各自不同的区域文化。三面环山，中间是平原，向东南开敞直通渤海，宛如一个海湾。"一河"是指南北大运河。京汉大运河的漕运，在元、明、清是作为全国政治中心的生命线。

北京悠久的历史产生了厚重的文化积淀，曾出现过大量的歌谣，在民间传唱。北京歌谣形式简短、音节和谐、诙谐幽默。北京歌谣具有很强的地域特点，与北京人日常生活息息相关。改革开放以来，尤其是随着现代化、全球化进程的加剧，反映老北京历史风貌、百姓生活的歌谣显得尤为珍贵。市志、区志、县志、村志都采收了大量歌谣，同时也有一些专书出版，此处不赘。北京歌谣已被选入北京市非物质文化遗产名录和国家级非物质文化遗产名录。

二　歌谣的分类

所谓歌谣，是民间流传的口头文学的一种，词语具有本地方言特色，且语句短小精练，语音合辙押韵。作为一种民间文学，歌谣能够上百年，甚至上千年在同一地区传颂。这一文学体裁，古已有之。《诗·魏风·园有桃》："心之忧矣，我歌且谣。"毛传："曲合乐曰歌，徒歌曰谣。"《汉书·艺文志》："自孝武立乐府而采歌谣，于是有代赵之讴，秦楚之风，皆感于哀乐，缘事而发，亦可以观风俗，知薄厚云。"北魏贾思勰《〈齐民要术〉序》："今采捃经传，爰及歌谣，询之老成，验之行事，起自耕农，终于醯醢，资生之业，靡不毕书。"对于歌谣的研究，对方言学、民俗学、历史学都具有很大的意义。

歌谣的风格，有幽默玩笑，也有悲泣哀哭，

有歌颂赞美，也有忧愁憎恶。《荀子·礼论》："歌谣謸笑，哭泣谛号，是吉凶忧愉之情发于声音者也。"《史记·商君列传》："五羖大夫死，秦国男女流涕，童子不歌谣，舂者不相杵。"唐吴兢《乐府古题要解》："夜闻诸女歌谣。"《北史·裴廷儁传》："又命主簿酈恽修起学校，礼教大行，人歌谣之。"唐姚鹄《襄州献卢尚书》诗："礼乐政行凋敝俗，歌谣声彻帝王都。"元郑光祖《周公摄政》第三折："先帝升遐，当今嗣国，宗祀明堂，歌谣圣德。"

歌谣的内容可以反映民俗人文，有关儿童启蒙教化，关于婚姻爱情，反映市井生活，反映节岁时令，以及反映地理建筑等等。着重谈谈以下几种：

1. 反映民俗人文

如歌谣《上轱辘台》：

"下轱辘台，张家妈妈倒茶来。茶也香，酒也香，十八个骆驼驮衣裳，驮不动，叫马鄂。马鄂马鄂含口水，喷了小姐的花裤腿。小姐小姐你别恼，明儿后儿车来到。什么车，红轱辘轿车白马拉，里头坐着俏人家。灰鼠皮袄银鼠褂，对子荷包小针儿扎。阿哥阿哥你上哪儿？我到南边瞧亲家。瞧完亲家到我家，我家没别的，鞑子饽饽就奶茶，烫你狗儿的小包牙。"

这段童谣的典故很多。这里的"张家"依清代官方规定应写"张佳"。清代官方编纂《钦定八旗满洲氏族通谱》记载满族人的姓氏，就像记载汉人姓氏的《百家姓》。其中有些姓，如张佳、王佳、李佳、孙佳、刘佳等及其他，分明是汉姓加个"佳"字。这些"佳"字姓都归入八旗满洲姓氏之内。金代女真族统治者占领中原后，将大量汉族人强行迁入女真地区。这些汉人自金代进入女真，至满族共同体形成之时，已历时约四百年之久，他们已完全女真化了。构成满族共同体时将女真人编入旗的组织，这些人自然作为女真成员而进入八旗。他们的原姓（汉姓）后加一"佳"字，是他们进入女真后适应女真语的音韵结构而加的，清代将满语的这个giya译写汉字"佳"。女真语（及后世的满语）吸收汉语译词时，在原来的汉语音后面加一个音节，例如称"蒜"为suwanda，"蒜"音后加个da；称"布"为boso，"布"音后加个so等等。张家妈妈应写作张佳妈妈，其原因即在于此。再说"妈妈"，不是汉语表示"母亲"的意思，而是满语mama的译音，意思是"祖母"。歌谣中说的是"张佳奶奶"。为什么用十八个骆驼，不多不少呢？原来清代不论官方或民间，均将九头骆驼构成一组，驼与驼之间前后用绳串着，北京俗话将这九个一组骆驼叫作"一把子"骆驼。这个的来历是皇太极继承汗位后，以用兵征服蒙古部落为要务。以后历康熙雍正乾隆三朝，继续进行并终于完成了绥服蒙古的事业。清统治者强迫蒙古统治者纳"九白之贡，贡品中有九头白骆驼。由此而形成定制，官方和民间养骆驼以九头为一组。两组共十八头骆驼，十八头骆驼连成两串，九头一串。童谣中的"十八个骆驼驮衣裳"之句，其来源即在于此。老北京皆知骆驼九头为一把子。"红轱辘轿车"是满族自关外带到北京的。清代有轿车和大鞍车两种，大同小异。讲究人家的轿车轱辘上红色油漆，一般的用黑漆。轿车的赶车人斜坐在左辕，随从人跨在车辕上叫作"跨车辕"。清代的轿车极显满族特色。"灰鼠皮袄银鼠褂"是两件衣服。清代满族人沿其先世狩猎者的传统习俗，穿用野兽皮衣极为普遍，但是不穿羊皮衣服。灰鼠和银鼠皆野兽皮，为满人常穿的。"袄"是长服，大襟，襟开在右侧。"褂"比袄短，其长到达膝盖，对襟。穿衣时先穿袄，再穿褂，褂罩在袄的外面。这是满族先世女真人的传统衣着。"对子荷包小针儿扎"表现十分浓厚的满俗气氛。"荷包"是有带的小口袋，但口袋呈圆形，荷包呈扁形。带穿在袋口四周，一抽带，袋口就缩紧。这是狩猎者出猎时身上必带的，用以盛放零星小件什物。荷包系在腰带上，它突出地表现狩猎者的生活。农耕者早晨出家门到田里劳动，田地不会离家过远，总是在村外不远之处。午间或是回家吃饭，或是在田边等着家里送饭来吃；总之是不必将一些器物随身携带。猎人则与此不同。离开家后，往往在遥远的山林中奔走数日至数十日，露宿野餐，所以必须随身携带必需之物。荷包的来源就在于此。满人入关后,原来的猎人成了官兵和差役,人们不去山林打猎了,但服饰仍依旧俗。荷包变小了,制作精细了,渐变为服装饰件;清代满人腰带上必挂精致的荷包。这就谈到"小针儿扎"了。满族民间盛行刺绣,北京话说"绣花"为"扎花"。荷包制作之精,主要在扎花的粗细。扎粗花用大针,要扎细花,就得用小针。"小针儿扎"是刺绣精细的表示。"阿哥"是满语词 age 的音译。age 译义为"老兄""大哥",这是满人之间极一般的称呼。"饽子饽饽就奶茶"是满族共同体形成后产生的一项生活习惯。八旗满洲各佐领内编入了蒙古族人,后来又将蒙古族人编成蒙古八旗,从此满蒙二族人共同生产和生活,生活习惯互相影响和传播。饽子饽饽是蒙古式的点心食品,奶茶是蒙古族人喜食的。后来这两种食品传入满族,入关时,满人已惯于吃蒙古式糕点,喝蒙古式奶茶了。因为歌谣里提到"饽子饽饽就奶茶""二等辖"等词语,就可以知道这是满族的歌谣。此外"踢球打嘎儿""两把儿头"

等内容，也涉及满族的习俗。

再如歌谣《金轱辘棒烧热炕》：

"金轱辘棒烧热炕，爷爷打板儿奶奶唱，今儿个唱，明儿不唱，插上柳枝接着唱。"

歌谣里说烧热炕，炕烧热了，奶奶歌唱，爷爷打板儿伴奏。说"一直唱到天亮"，说明是在夜里唱。今天唱过之后，明天就不唱了，等到插上柳树枝再唱。这是满族从关外带到北京来的萨玛信仰习俗。满族承其先世女真人的萨玛信仰，入关后自皇家至于官兵家庭皆依旧俗不断跳神以求福祉。满足各氏族皆有本氏族的萨玛，由女性担任。凡朝祭、夕祭、背灯换索、柳树求福诸祭，皆于家中举行。萨玛多由年长的老祖母担任，跳神时萨玛唱神歌，众人打板如伴奏一般。这首童谣的内容就是冬天晚上烧好了热炕，举行背灯祭，奶奶唱神歌跳神，爷爷打板。今天唱完了，明天不唱，等到"插上柳枝"再接着唱。所谓"插上柳枝"就是举行柳树枝求福，目的是求佛多妈妈（fodo mama）保佑孩子们。求福祭时，采来柳树枝插好，用索绳将柳树枝与神板连接起来，给孩子们换新索，换下的旧索放在西墙上挂着的"妈妈口袋"里。童谣说插上柳树枝求福换索时接着唱。满人入关将这个旧俗带到北京，沿之而行。至道光时代，民间因费用问题，杀猪祭神难以承担，祭祀次数渐减，但仍在一年举行数次，至少三次。完颜氏麟庆在《鸿雪因缘图记》"五福祭神"一文中说，那时其家祭祀是"乐阵而不作"。乐虽不作，但萨玛仍跳神歌唱。这首歌谣的来源与民俗、宗教等诸多方面直接相关。虽仅几句，但内容丰富，甚有研究价值。今年研究满族萨玛教者颇不乏人，写了不少文章，然其内容大多雷同。其实乾隆时编了一部《钦点满洲祭神祭天典礼》，所述翔实，可供参考。

歌谣中也有表现汉族民俗的内容。比如"祭灶"，这是汉族很重要的时令节日，是汉族的农历年的开始。旧俗农历腊月二十三祭灶王，放炮仗，是谓"小年"。富察敦崇《燕京岁时记》："民间祭灶惟用南糖、关东糖……祭毕之后将神像揭下，与千张、元宝等一并焚之……是日鞭炮极多，俗谓小年下。"歌谣《两枝腊，一股香》《祭灶祭灶》《灶王爷，本姓张》写的都是"祭灶"。如《灶王爷，本姓张》："灶王爷，本姓张，骑着马，挎着枪，上西天，见玉皇，年年好，月月强，哪年都打万石粮，万石粮插荣华，富贵荣华咱们家，上天言好事，下地降吉祥。""祭灶"必用关东糖（麦芽糖）供奉灶神。从市面上买回来的关东糖，都做成甜瓜形状，因此又叫作"糖瓜"。祭灶以后，春节就在眼前。小姑娘要一种红色的绒花戴在头上来打扮自己，男孩子们个个忙着置办鞭炮。年节的气氛一下子浓烈起来。如歌谣《新年来到》："糖瓜祭灶，新年来到。姑娘要花，小子要炮。"春节还有贴窗花的习俗，如《贴窗花》所唱："过年啦，贴花啦，满窗子，都红啦。贴个猫，贴个狗，贴个小孩打滴溜。贴个老猴抽烟斗，贴个没牙佬满窗走。"快要过年的时候，家家都要贴窗花，有大格子窗，有小格子窗，还有长格的棂子窗。所有的窗都糊上了洁白的窗纸。洁白的窗纸上贴了大红的窗花，阳光一照，年节的气氛一下就浓起来了。

农历正月二十日前后接财神,为的是图个吉利。接财神的时候,家家都打发孩子上街边跑边唱歌谣《接财神》:"财神爷,打南来,反穿着皮袄趿拉着鞋,隔着墙头扔元宝来!"

2. 反映岁时节令

在老北京,春节和中秋都属于大节。先说说春节,王廷绍《霓裳续谱》中记有歌谣《正月正》:"正月正,呀呀哟,娘家接我去看灯。问问婆婆问公公,婆婆说去了你早早的回,媳妇说是我还要走走百病,妈妈呀,你也走吧,走走桥儿不腰疼。"("走百病儿"的习俗似乎盛于明代,除去小说以外,诗文多有记之。明代弘治进士周用《走百病》诗:"都城灯市由来盛,大家小家同节令。诸姨新妇及小姑,相约梳妆走百病。……")

再来说说中秋,中秋节举家团圆,是除了春节外最被北京人看重的节日。歌谣《紫不紫》就是描写当年老北京人过八月节的场景:"紫不紫大海茄,八月里供的是兔儿爷,自来白自来红,月光码儿供当中,毛豆枝儿乱哄哄,鸡冠子花儿红里个红,圆月儿的西瓜皮儿青,月亮爷吃的哈哈笑,今夜的光儿分外明。"歌谣中说的"兔爷儿"面部贴金泥,身穿甲胄背插彩绸纛旗,胯下骑一只大老虎,是老北京孩子们非常喜爱的玩具。八月十五这一天,老北京家家户户都设坛拜月,供"月光码儿"。这"月光码儿"就是印有"太阴星君""月光遍照菩萨"神像的纸张,如今这种对象在京城早就绝迹了。兔儿爷,自来红、自来白的月饼,葡萄,沙果,鸡冠花与切成莲瓣的西瓜都是必备之物,另外还要供毛豆枝,可能是玉兔爱吃毛豆,所以祭月时必备毛豆枝。如今在京城再也看不到这种"祭月大典"了,除了这两年在八月节前后出现的兔儿爷外,其余的只能留在上了年纪的老北京人的记忆当中了。

除了以上那首,还有一首是将老北京全年中每个月的节令都数一遍的歌谣《正月正》:"正月正,大街小巷挂红灯。二月二,家家摆席接女儿。三月三,蟠桃宫里去游玩。四月四,男女老幼逛塔寺。五月五,白糖粽子送姑母。六月六，阴天下雨煮白肉。七月七，坐在院中看织女。八月八，穿上白袜走白塔。九月九，大家喝杯重阳酒。十月十，穷人着急没饭吃。冬月冬，北海公园去溜冰。腊月腊，买猪买羊过年啦。"在这首歌谣里，像腊月的新春，正月的灯节、五月的端午节、七月的乞巧节、九月的重阳节依然还沿袭着传统的习俗，而二月、三月、四月、六月、八月的民俗已经逐渐消失。以下笔者就简单地对此作一下介绍："二月二，龙抬头"，除了现在大家都知道的剪头、吃春饼外，这一日还是接"姑奶奶"（出嫁的闺女）回家的日子。"二月二，接宝贝，接不来，掉眼泪"就是一首描写母亲思念女儿的歌谣。"三月三"，是西王母的寿诞之日，恰巧北京城崇文门外供奉王母娘娘的蟠桃宫在此期间开庙，因此每年的这个时候蟠桃宫里都热闹非凡。这里还有一个描写三月三的歌谣："年年有个三月三，王母娘娘庆寿诞。各洞神仙来上寿，蟠桃美酒会神仙"。"四月四"，指的是白塔寺的庙会，清末的《旧京琐记》载："有期集者，逢三之土地庙，四、五之白塔寺，七、八之护国寺，九、十之隆福寺，谓之四大庙市，皆以期集"。"六月六"，煮白肉，吃煮白肉是满族人的习俗，现今还流传着"冬不白煮，夏不熬"的说法，真正的吃主儿都是到夏天才吃这一口美食。百年老店砂锅居饭庄就是以煮白肉为特色而誉满京城的老字号。"八月八"，走妙应寺的白塔是京城金秋八月的民俗之一。据说这一天满族妇女可以脱下花盆底鞋改穿汉族妇女的平底鞋去白塔寺逛庙会，久而久之，就形成了这一独特的民俗。

3. 反映地理建筑

先来说两首老北京曾经流传的歌谣：

"平则门，拉大弓，前面就是朝天宫；朝天宫，写大字，过去就是白塔寺；白塔寺，挂红袍，过去就是马市桥；马市桥，跳三跳，过去就是帝王庙；帝王庙，摇葫芦，过去就是四牌楼；四牌楼东，四牌楼西，四牌楼底下卖估衣；打个火，抽袋烟，过去就是毛家湾；毛家湾，扎根刺，过去就是护国寺；护国寺，卖大斗，过去就是新街口；新街口，卖大糖，过去就是蒋养房；蒋养房，安烟袋，过去就是王奶奶；王奶奶啃西瓜皮，过去就是火药局；火药局，卖细（钢）针，过去就是老墙根；老墙根人两头多，过去就是穷人窝。"

另外一首是："东直门，挂着匾，间壁就是俄罗斯馆；俄罗斯馆照电影，间壁就是四眼井；四眼井，不打钟，间壁就是雍和宫；雍和宫，有大殿，间壁就是国子监；国子监，一关门，间壁就是交道口；交道口，跳三跳，间壁就是土地庙；土地庙，求灵签，间壁就是大兴县；大兴县，不问事，过去就是隆福寺；隆福寺，卖葫芦，间壁就是四牌楼；四牌楼南，四牌楼北，四牌楼底下喝凉水；喝凉水，怕人瞧，间壁就是康熙桥；康熙桥，不白来，间壁就是钓鱼台；钓鱼台，没有人，间壁就是齐华门，齐华门，修铁路，南行北走不绕道。"

这两首歌谣产生于清末民初，有些地名沿袭了旧时的叫法。这些地名涵盖着众多的历史知识和典故。如"蒋养房，安烟袋，过去就是王奶奶"，"蒋养房"位于新街口东街，旧称浆绛房和蒋养房大街，明代在胡同里设置浣衣局，安置年老宫女或有罪、退废者发配到此处洗衣服。"王奶奶"就是现在的积水潭医院，原来叫"棍贝子府"。先为"诚亲王新府"，即"贝子弘景府"。嘉靖年间，引玉河水入府，赐给四女庄静公主作为府邸，又称"四公主府"。因为"棍贝子府"主人是公主，附近居民敬称王府为"王奶奶府"，俗称"王奶奶"。"安烟袋"，说的积水潭医院东、南侧原来有条胡同叫"豆腐巷"，1965年并入"新街口东街"，这条胡同以前和水车胡同相通，后积水潭医院扩建，胡同东侧变成医院的一部分。"豆腐巷"东、西狭长，南部较宽，形状像烟袋。当地居民也把南部宽绰处叫"烟锅儿"。

走出了四九城也有歌谣："珠市口闹吵吵，菜市口挂杀人。城门楼子九丈九，出去就把西山瞧。出彰仪门（阜成门）走石头道，再走五里财神庙。小井儿、大井儿卢沟桥，卢沟桥狮子数不清，铜帮铁底保北京。东头狮子西头象，三十五里到良乡。良乡塔半山坡，过了窦店琉璃河。琉璃河、有道沟，三十五里到涿州。涿州北关娘娘庙，乾隆题联关上头。南关大戏楼，楼下两股路，一股通保府，一股奔茂州。"

北京城内胡同多，"有名的胡同三百六，无名的胡同似牛毛"。北京曾有胡同6000多条，若把这些胡同连起来，长度不亚于万里长城。在众多的胡同中，年代最久远的就算三庙街胡同，可以追溯到900多年前的辽代，当时叫"檀州街"；前门外大栅栏地区的钱市胡同，最窄处仅有40厘米，仅能容一个身材"苗条"的人通过；东城区的九道弯胡同称得上北京现存的胡同拐弯最多的胡同……，当然最有趣的应该是京城中那些大小不一胡同的名称。清光绪二十六年（1900）蒙古族女士巴里克杏芬出版了《京师地名对》的书籍，搜罗了一千个胡同地名。按照中国传统做对子的方式把它们排比分类，划分出：天地、天文、时令、地理、宫室、人伦、性情、人事、身体、古迹、鬼神、佛仙、释道、禾稼、蔬果、草木、鸟兽、鳞介、昆虫、用物、珍宝、八音、饮食、薪煤、炉灶、数目、方位、干支、卦名、颜色、虚字、叠字等门类。增加胡同的趣味性，如臭水塘对香山寺，奶子府对勇士营，王姑庵对韦公寺，珍珠酒对琥珀糖，单牌楼对双塔寺，象棋饼对骨牌糕，棋盘街对幡杆寺，金山寺对玉河桥，六科廊对四夷馆，文冠果对孩儿茶，打秋风对撞太岁，白靴校尉对红盔将军，诚意高香对细心坚烛，细皮薄脆对多肉馄饨，椿树饺儿对桃花烧卖。天理肥皂对地道药材，香水混堂对灵醴酒馆，麻姑对料酒对玫瑰灌香糖，旧柴炭外厂对新莲子胡同，奇味薏米酒对绝顶松萝茶。京城内外巡捕营对礼部南北会馆。

旧时民间艺人根据老北京城地名编了个岔曲："秦老儿闲游来到老君堂，慧照寺内去降香，抬头瞧见宋姑娘，石老娘为媒说与王驸马，择了个新寺良辰花枝放，未过门儿，在南草场盖了一所十间房"。秦老儿胡同在东城区交道口，1958年曾经改名为大跃进路五条；老君堂北京城里有两处，一处在北新桥，现名为东四二条，一条在朝阳门，现名北竹竿胡同；慧照寺在东城北新桥，现名东四十二条；在慧照寺对过有香饵胡同，宣武区虎坊桥有香儿胡同，牛街也有一条香儿胡同；抬头茎在前门大栅栏。早年此处有抬头庵，今废成为民宅；宋姑娘胡同在崇文门外，有叫姑娘胡同，易名为莲子西茎；石老娘胡同在西四牌楼，现名为西四北五条；王驸马胡同在东城区北新桥，现名为南颂年胡同；新寺胡同又称辛寺胡同，在东城区有两处，一在北新桥，一在交道口，后者改名为辛安里；花枝茎在西城区丰盛胡同。花枝胡同北京有8处，分别在厂桥、天坛、长安街、丰盛、德胜门、天桥、前门和大栅栏。其中有的已经易名或并入主街。例如德胜门的花枝胡同就并入德内大街；未儿胡同即未英儿胡同，在西城区宣武门内大街东；过门儿胡同喻过街楼胡同或穿堂门胡同。过街楼胡同在前门外珠市口东大街，穿堂门胡同在北京原有六处，分别在厂桥、陶然亭、西长安街、大栅栏、崇文门和新街口，现已经分别易名为大红罗厂南茎、蔡家楼一巷、小堂胡同、贯通巷、花市三条。只保留了新街口的穿堂门胡同，此巷原名叫川堂门。南草场胡同又称南草厂街。古汉语中"场"与"厂"有时可以通用。古代京城没有现代交通工具,运输靠马车,打仗靠战马,稍有身份的人出门多以马车或骑马为代步工具。马的饲料是草。因此北京历史上曾经有过许多草场,诸如南草场、北草场、东草场、西草场等。草场大多属于官办,隶属御马监,占地面积都很大。如今西直门南草场街,就曾经是皇家御马监下属的草料场;十间房胡同,在宣武区虎坊桥北,现名为前孙公园胡同。此处早年有临河建筑十余间,俗称十间房。清人孙承泽在此建设别墅,称孙公园,十间房之名,遂消失。

下面这首有关胡同的歌谣,可以让我们对过去的西直门大街有所了解:

"西直门马路平,两侧临街胡同行;胡同行胡同串,南北顺城街上转;

街上转卖配戴,口袋配条新阔带;新阔带随风摇,蔡家大门瞧一瞧;

瞧一瞧门上字,门内有座玉佛寺;玉佛寺佛没有,路南小街石虎瞅;

石虎瞅石虎骑，骑虎直奔火药局；火药局找火药，胡同里面挖铁炮；

挖铁炮装炮捻，桦皮厂旁桦蜡点；桦蜡点烛光亮，酱房大院磨黄酱；

磨黄酱黄酱香，穿堂门旁寻马相；寻马相养御马，南北草厂种子撒；

种子撒青草美，浇地用的高井水；高井水井枯干，三官面前拜水官；

拜水官蛇挡道，柳家大门购蛇药；购蛇药奔药铺，走到洪桥停脚步；

停脚步朝北望，崇元观来逛一逛；逛一逛庙会散，北沟沿口站一站；

站一站街口歇，眼前就是新街口的西大街。"

第八讲
老北京的儿歌（童谣）

一　老北京的儿歌

儿歌，是中国歌谣中独具特色的一部分。它极有韵味，可以反复诵唱，传承性强，经久不衰。老舍在《小人物自述》中有这样一段话："门洞只有二尺多宽，每逢下小雨或刮大风，我和小姐姐便在这里玩耍。那块倚门的大石头归我专用，真不记得我在那里唱过多少次'小小子儿，坐门礅儿，哭着喊着要媳妇儿。要媳妇干嘛？点灯，说话儿，吹灯作伴儿'。影壁是不值一提的，它终年的老塌倒大半截，渐渐的，它的砖也都被拾去另有任用，于是它也就安于矮短，到秋天还长出一两条瓜蔓儿来，像故意要耍俏似的。"(载《方舟》1937年8月第三十九期)在上面老舍这段话里提到北京的那首著名的童谣——《小小子儿,坐门礅儿》。除了这首,脍炙人口的儿歌有《跳猴皮筋》《丢手绢》《找朋友》《拉大锯》《大拇哥》《小白兔白又白》《水牛儿水牛儿》等等。

北京的歌谣中数量最大的就是儿歌。这些儿歌的韵律很强,儿化音多,朗朗上口,娓娓动听,自然流畅。一首儿歌在幼童的口中重复几十遍也不觉得枯燥,有着不尽的乐趣。有一首歌谣说:"上到九十九,下到刚会走,只要北京人,人人会几首。"如今已被民俗专家收集到的五百多首北京的儿歌,是一笔极其丰厚珍贵的文化遗产。它与中国北方的少数民族文化,尤其是蒙古族、满族的民谣有着极其密切的联系。

儿歌的文化价值,"五四"新文化运动以来的学者早有评价。周作人在他的《艺术与生活·儿童的文学》一文中写道:"这时期的诗歌,第一要注意的声调。最好使用现有的儿歌,如北平的《水牛儿》《小耗子》都可以用,就是那趁韵儿成的如'忽听门外人咬狗',咒语一般的抉择歌如'铁脚斑斑',只要音节有趣也是一样可用的,因为幼儿唱歌只为好听,内容意义不甚紧要。""水牛,水牛,先出犄角后出头。"音节确实有趣;"你爹你妈,给你买的烧肝儿烧羊肉哙。"更是模仿大人爱抚小儿的口吻,正所谓"低吟尔汝意绸缪"也。他在《风雨谈·绍兴儿歌述略序》中说:"……如绍兴呼蘩蒌曰小鸡草,平地木曰老弗大;北平呼栝蒌曰赤包儿,蜗牛曰水牛儿,是也……"后人对此还有更明晰的阐释。钟叔和在他的《周作人丰子恺儿童杂事诗图笺释》一书中言:"清方子箴《春明杂忆》诗云:'松花糟蟹烧羊肉'……张次溪《人民首都的天桥》第八章之三十七:'羊肉铺在夏季向例除卖生羊肉外,带售烧羊肉……这虽是天桥食物,亦算普通人心目中的美味了。'还有第三十五:'炒肝只是徒有其名,原料确非猪肝而并不用炒,……猪大肠买回到家里,先洗后煮,熟后自能漂起浮油一层。卖炒肝的人,盛起浮油,只将大肠切碎,和以团粉、香料、酱油等,于是炒肝即算做成。'总之在小孩心目中,都是爹妈高兴才会给买的吧。"

老北京的儿歌题材广泛,想象奇特,感情丰富,语言流畅。从内容上可以分为:"催眠歌""哄逗谣""游戏歌""看护谣""事物歌""动物谣"等类。

1.从儿歌的歌名来看

老北京的儿歌歌名本身就谐趣幽默,饶有趣味。比如:《水牛儿水牛儿》《锛儿头倭瓜眼》《翻饼烙饼》《点牛眼》《小辫儿刘》《剃头打三光》《一螺穷》《长个针眼让人看》《大拇哥》《捏饽饽》《青皮萝卜紫皮蒜》《我有一头毛驴儿》《拉大锯》《摸摸毛》等等。其实歌名与实际的自然事物并没有什么必然联系。先看《水牛儿水牛儿》这首儿歌:"水牛儿,水牛儿,先出犄角后出头。你爹你妈,给你买了烧羊骨头烧羊肉喂,你不吃,喂狗吃。"歌谣中的"水牛儿",其实不是南方的水牛,而是一种很小的昆虫,学名叫蜗牛。或许因为它多在雨后出现的缘故,老北京人就谐称其为"水牛儿"了。

再说《锛儿头倭瓜眼》这首儿歌:"锛儿头倭瓜眼,吃饭挑大碗,给他小碗他不要,给他大碗他害臊。"老北京人说一个人长个"锛儿头",是指这人的额头比正常人明显凸出、出奇。"倭瓜眼"则是说人的眼睛比较窄小,非常形象传神。

而《翻饼烙饼》其实歌词中的翻饼与实际烙饼没有任何关系。《翻饼烙饼》:"翻饼,烙饼,油炸,馅儿饼,反过来,瞧瞧。"说唱这首儿歌时两手的动作有翻转之势。这是把游戏的翻转与烙饼的翻转联系在一起,想象奇妙。唱此歌谣时,两个小孩面对面,两手对握,一边摇晃胳膊一边唱。唱到"翻过来瞧瞧"时,一人由怀臂间探头翻过,另一人随着也翻过去,变成两人背对背。

而《点牛眼》的"牛眼"与牛的"眼睛"是风马牛不相及。《点牛眼》:"点,点,点牛眼,牛眼花,七个碟子,八个瓜,不是别人就是他!""点牛眼"其实只是大人或孩子用食指戳点其他孩子的手掌心或脚掌心的一种游戏。

因为小孩儿的手心、脚心有痒痒肉儿。一经触碰，就会发痒，发乐。

2. 从儿歌的内容来看

老北京的儿歌，内容可谓包罗万象，日常生活中的各种事物都可写入儿歌。诸如：

动物：猫狗鸡鸭、猪羊驴马，鼠兔猴牛、虎狼龙蛇、骆驼、黄鼠狼、蛤蟆乌龟等。

植物：茉莉花、牡丹、金银花、菊花、芙蓉花、鸡冠花、桃花、玫瑰花、牵牛花等。

事物：葫芦瓢、烟袋锅、小板凳、棒槌、花篮；风、雨、日、月等。

游戏：勾手歌、丢手绢、抽陀螺、抖空竹、放风筝、拉大锯等。

名物：小胖小、小小子、小秃儿、小妞妞、大拇哥、大肚子等。

这些儿歌的内容也十分风趣，试看下面的例子：

《吃个大胖》："锅儿锅儿你快熟，这儿有个紧嘴猴儿。狗儿狗儿凉凉，吃个大胖儿。""紧嘴猴儿"，是形容人吃东西嘴急、嘴快。

《跐拉拉》:"小秃儿,咧咧咧,南边打鼓是你爹,你爹戴着红缨儿帽,你妈穿着大板儿鞋,走一步,跐拉拉,十个脚趾头落着仨!"也有唱作:"高高山上有一家,十间房子九间塌。老头出门儿拄拐棍,老太太出门就地擦。走一步,跐拉拉,十个脚趾头露着仨。"这首儿歌形容人的邋遢非常形象,对比鲜明。秃儿的爹穿着很是体面"戴着红缨儿帽",她妈可就狼狈了,不仅"穿着大板儿鞋",而且"走一步,跐拉拉,十个脚趾头落着仨!"北京话称小孩的小声哭泣为"咧咧"。儿歌中的小秃正在哭,所以儿歌是为了哄孩子不哭,使他破涕为笑。

《小辫儿刘》:"小辫儿刘,蒸窝头,半拉生,半拉熟,熬白菜,不搁油。吐口唾沫当香油,爸爸给他两砖头。"歌中的小辫儿刘不仅没有蒸好窝头,连熬白菜还要吐口唾沫当香油,所以他爸爸打他两砖头。这首儿歌是拿"小辫儿刘"寻开心。

《剃头打三光》:"剃头打三光,不长虱子不长疮;剃头打三下,不长虱子长小辫。"借别人剃头之机占小便宜。

《长个针眼让人看》:"偷人针,偷人线,长个针眼让人看,偷人的鸡,偷人的狗,长个针眼让人瞅。"这是提醒、警告人偷拿别人的东西、占别人的便宜。

《一螺穷》:"一螺穷,二螺富,三螺四螺开当铺,五螺六螺自来有,九螺一簸,稳吃稳坐。"这是针对人的指纹的一种迷信的说法。

《大拇哥》:"大拇哥,二拇弟。钟鼓楼,护国寺。小妞儿,托茶盘儿,胳膊腕儿,挑水担儿。吃完饭儿,香油罐儿。两盏灯,小蒲扇儿。挂衣钩儿,天灵盖儿。摸摸老头的小白辫儿。"也有唱作:"大拇哥,二拇弟,三中指,四大王,小放牛,放牛场,胳臂腕儿,挑水担儿。吃饭碗儿。香油罐儿,两盏灯,小蒲扇儿,挂衣裳钩儿,天灵盖儿。"这是对幼儿关于身体四肢各部位的一种启蒙教育。

《捏饽饽》:"狼抱柴,狗烧火,耗子炕上捏饽饽,捏多大,捏斗大,三间屋子盛不下。"也有唱作:"寒鸦寒鸦过过,狗推磨磨。狼抱柴,狗烧火,牛坐锅,兔砸蒜,耗子洗手捏饽饽。猫推门,吓死我。"歌中讲述了一个童话故事,把狼、狗、耗子拟人化,想象丰富。

《青皮萝卜紫皮蒜》:"卖蒜的,什么蒜?青皮萝卜紫皮蒜。什么高?马蹄高。高几丈?高三丈。三丈几?三丈三,打开窗户钻一钻。鸡鸡翎,跑马绳。马绳开,柴禾垛。要哪个,单要你这老笨货……三丈几?三丈三。请你老头钻一钻。"这是对幼童关于农作物的启蒙教育。

《拉瞎,拉瞎》:"拉瞎,拉瞎,拉到河里头喂王八,王八不吃瞎孩儿的肉,又嫌腥来又嫌臭,要填牙缝儿,还不够。"这首儿歌旨在锻炼幼童的独立行走能力。"拉瞎"是让小孩子闭上双眼,装成瞎子,由大人牵着走路,边走边说唱。

《小板凳》:"小板凳,三条腿儿,我给奶奶嗑瓜子,奶奶嫌我脏,我给奶奶煮片汤。奶奶吃不点儿,我吃三大碗儿。"这首儿歌旨在鼓励小孩子别挑食,多吃饭菜。

《我有一头毛驴儿》:"我有一头毛驴儿,从来也不出门儿,今天高了兴,骑着去赶集儿。

拿起小鞭子儿，得儿、驾、喔喝吁儿，一个不小心，摔了我一身泥儿。"这首儿歌的语言活泼俏皮，连赶牲口的吆喝声都用上，还配有得意忘形的欢快动作。

《梧桐树》："梧桐树，开白花儿，它妈养活个大糖瓜儿，多会儿娶？头腊八儿。谁帮轿？俩老道。谁座席？他二姨。谁吃酒？俩黄狗。谁烧香？俩姑娘。几个盘儿？俩豆芽儿。几个碗儿？俩花卷儿。"这首儿歌中保留了老北京的婚庆习俗，语言幽默，让人忍俊不禁。

3.从儿歌的韵律来看

第一，音节和谐

《水牛儿水牛儿》中的"水牛儿"要读成或唱成"水妞儿"（阴平），决不能读成"水牛"（阳平）。

《小小子儿，坐门墩儿》中的"小小子儿"，尤其是"子儿"，不能念成"子（zǐ）儿（ér）"，而要说成（zir）。

第二，合辙押韵

老北京的儿歌是有辙韵的。它属于北京音

系，与北京的曲艺的辙韵一致。因为它是给幼儿听的，所以韵辙都不复杂。韵脚与北京曲艺说唱文本的辙韵是一致的，与北京音系的"十三辙"一脉相承。张洵如的《北平音系小辙编·序》中说："民众文艺的'小辙儿'原有两道，叫作'小言前儿'和'小人辰儿'，按小辙儿之仅有两道者，大概是因为'小言前儿'可包括【言前】【发花】【怀来】三辙，'小人辰儿'可包括【人辰】【梭坡】【乜斜】【灰堆】【一七】五辙，有此二辙，在通俗韵文里尽够应用。"

北平儿歌的用韵多为两种：

（1）一种是一韵到底的，这类较少。例如：

《小辫儿刘》韵脚字"刘、头、熟、油、油、头"由求辙一韵到底。

（2）另一种是中间换韵的，这类较多。例如：

a《剔灯棍儿》：花、奶、歪、呆、去、来。

b《吃个大胖》：熟、猴；凉、胖。

c《剃头打三光》：光、疮；下、辫。

d《锛头倭瓜眼》：眼、碗；要、臊。

e《点牛眼》：点、眼；花、麻；细、涕；来、去。

附：老北京儿歌辑录

《小小子儿，坐门墩儿》："小小子儿，坐门墩儿，哭着喊着要媳妇儿。要媳妇做什么，点灯说话儿，吹灯做伴儿，明儿个起来梳小辫儿。"

《上咕噜台，下咕噜台》："上咕噜台，下咕噜台。隔着墙头叫奶奶。奶奶、奶奶您穿的甚么鞋？大花鞋，谁做的？娘做的。请娘来，喝茶来，茶又香，酒又香，十个骆驼驮百双。驮不动，叫马愣。马愣嗽了一口水，喷了小姐的花裤腿。小姐小姐你别恼，弄把火，咱俩烤，烤不迭，车来咧。甚么车？红板绿板大牛车。甚么牛？金牛、银牛。甚么鞭？挂拉鞭，跟着小姐上西天。西天有个小孙猴，咬了小姐的妈妈头儿。"（"咕噜"，是大人帮助婴幼儿在炕头翻身。"妈妈头儿"指乳房、奶头儿。）

《秃子秃》："秃子秃，盖房屋，房屋漏，锅里头煮着秃子肉。秃子哭，秃子看。秃子打架秃子劝。"（旧时男孩子多剃光头。北京人俗称"大秃瓢"。这是拿剃光头的人取乐。）

《大秃子有病》："大秃子有病，二秃子慌。

三秃子买药，四秃子熬药汤。五秃子钉棺材，六秃子抬，七秃子埋，八秃子哭着跑过来。九秃子问：你为什么哭？十秃子说：我家死了个秃乖乖。十一秃子说：快点埋，快点埋。别让秃乖乖蹦出来。"

《小小子，摘棉花》："小小子，摘棉花。一摘了个小南瓜。爹一口，娘一口，一下咬了孩子的手。孩儿孩儿你别哭，明天给你买小鼓。白天拿着玩，夜里吓老虎。"

《孩啊，孩啊，你别哭》："孩啊，孩啊，你别哭，跟着妈妈把牌赌。赢了钱，买烧饼。输了钱，枭高粱，你爹来了别告诉。"（"枭"为卖。）

《唤儿》："唤儿、唤儿，唤儿呼咪，鞭打绣球、金镶玉。别让我们姑娘得了闷气。我们姑娘，病儿陈，请了个大夫不离门，开了方子号了脉（音 mò），药引子实难寻（音 xín）：蚊子的胆，虼蚤的心，苍蝇的翅膀约（音 yāo）半斤，四两的鸡子儿要八个，万岁爷的胡子要七根。"

《黄狗看家》："黄狗、黄狗你看家，我到南边采梅花，一朵梅花没采来，两个朋友到我家。

我家的媳妇会擀面,擀到锅里团团转。公一碗,婆一碗,案板底下藏一碗。猫进来,舔舔碗。狗进来,砸了碗。公公拿着哈大鞭,婆婆拿着半头砖,打的媳妇哪儿睡去呀?打的媳妇炉坑里睡去呀。铺什么皮?铺羊皮。盖什么皮,盖狗皮。枕什么?枕棒槌,叽里咕噜滚炕槌。"

《黄毛丫头去赶集》:"黄毛丫头去赶集,买个萝卜当鸭儿梨;咬一口,齁辣的,谁让你专门挑大的。"

《红眼红》:"红眼红,红眼红,腰里掖着眼药瓶。走一走,抹一抹,生让红眼累死我。"

《槐树槐》:"槐树槐,槐树槐,槐树底下搭戏台。人家的闺女儿全来了(音 liāo),我家的闺女还没来。说着说着就来了(音 liāo):骑着个驴,打着个伞儿,光着屁股,挽着个纂(音 zuǎn)儿。"

《姑娘的屁》:"姑娘的屁,赛过鼓,崩倒了城墙十八堵。三千人马来喝屁,崩倒了两千九百五,剩下五十跑回去,各个脸上都带土。"

《风来了,雨来了》:"风来了,雨来了,老

和尚背着鼓来了。甚么鼓,花花鼓,多少钱,二百五。"|"风来了,雨来了,和尚背着鼓来了;下雨了,冒泡了,王八带着草帽了。"

《小女儿》:"小女儿,背着两斗小米儿,叫她歇歇她不歇,她把小尾巴一撅撅。"

《点牛眼》:"点,点,点牛眼,牛眼花,一根儿皮条两个瓜。有钱的,买着吃,没钱的不理它。"|"点、点,点牛眼,牛眼花,卖甜瓜,甜瓜苦。卖豆腐,豆腐烂,摊鸡蛋;鸡蛋鸡蛋磕磕,里头坐着哥哥,哥哥出来买菜,里头坐着奶奶,奶奶出来烧香,里头坐着姑娘,姑娘出来点灯,烧了姑娘鼻子眼睛。"

《金箍勒棒》:"金箍勒棒,烧热炕,爷爷打鼓奶奶唱。一唱唱到大天亮。养了个小孩没处放。一放放在了锅台上,嗞儿呷儿地喝面汤。"

《呱哒呱嗒板儿》:"呱哒呱嗒板儿,上刘海儿,刘海儿穿着一个花裤衩儿。谁做的?娘做的。提起娘来够受的。他妈嫁了一个卖肉的。卖肉的,喷香的,他妈嫁了一个卖姜的。卖姜的,齁辣的,他妈嫁了一个做蜡的。做蜡的,流油儿，他妈嫁了一个孙猴儿。孙猴儿着火，他妈嫁我。嫁我我不要，他妈上吊。上吊不死，他妈烧纸。烧纸不着，他妈摔瓢。摔瓢不漏，他妈推磨。推磨不转，他妈吃饭。吃饭不饱，他妈裹脚。裹脚流脓，一流流到皇城。皇城吹喇叭，吹出一群大傻子。皇城卖鸭子，单打那孩子脑瓜子。"

《小孩拿棍儿对打》："一呀，二呀，倒打连三小花棍啊。棍儿棍儿舞，铜钱数。数什么数，牛皮鼓。牛什么牛？割狼头。割什么割？燕子窝。燕什么燕？扯条线。扯什么扯？孙孙扯，孙什么孙？吕洞宾。吕什么吕？挑花笔。挑什么挑？裂花瓢。裂什么裂？孙猴赶着个猪八戒。拿耙子来，搂豆叶。这头烧，那头热，煲的孙猴叫爷爷。"

《小耗子》："小耗子，上灯台，偷油吃，下不来。喵，喵，喵，猫来了。看你下来不下来。"

《上有天，下有地》："上有天，下有地，天地之间有空气。"

《蝈蝈叫》："蝈蝈叫，驴驹子听，旁边爬着个大马蜂。"("驴驹子"是不会鸣叫的母蝈蝈。)

《小黄狗》:"小黄狗,汪汪汪,咬谁呢,咬王魁,王魁干什么哪?给我们小孩说个媒。"(有一出戏叫《义责王魁》,剧中的王魁是负心郎。)

《小小子,坐门坎儿》:"小小子,坐门坎儿,摔了个跤,捡了个钱,又打,又买盐,又娶媳妇又过年。"

《一锅饭》:"一锅饭,满屋香,哥哥尝,弟弟尝,哥哥饱,弟弟饱,一块儿玩。一块儿跑,不打架,不争吵,爹娘看着好不好。"

《拉大锯,扯大锯》:"拉大锯,扯大锯;姥姥家,唱大戏。接闺女,请女婿,小外孙子也带去。"/"拉大锯,扯大锯;你姥姥家,唱大戏。蒸包子,肉碟子,一下撑你个两节子。"/"拉大锯,扯大锯;锯木头,盖房子。娶娘子,抱娃子。东骨碌爬,西骨碌爬。咱们的宝贝儿是嘎咋(音 gǎ zhá)子。"

《翻饼,烙饼》:"翻饼,烙饼,油炸,馅儿饼,反过来,瞧瞧。"

《大公鸡,上草垛》:"大公鸡,上草垛,一上上了七八个。捡出巧的都卖了,剩下一个笨老婆。"

《大公鸡,喔喔啼》:"大公鸡,喔喔啼,小学生,快快起。快着起来上学去。"

《鸡儿嗛,鸡儿斗》:"鸡儿嗛,鸡儿斗,大鸡不吃小鸡肉。"

《胡噜胡噜毛》:"胡噜胡噜毛,吓不着。胡噜胡噜耳,吓一会儿。"("胡噜",是抚摸的意思。)

《咕咚咚》:"咕咚咚,太平车,里边坐着俏哥哥,城墙外头看大戏,回头带着你也去。关老爷庙好热闹,人山人海瞎吵吵。"

《别怕,别怕》:"别怕,别怕,跟着妈妈穿裤穿褂,别嚎,别嚎,跟着妈妈穿裤穿袄。"

《杨树叶儿哗啦啦》:"杨树叶儿哗啦啦,小孩睡觉找他妈。搂搂抱抱快睡吧,老犸猴子来了我打它。"("老犸猴子"是为了吓唬孩子的一种动物,子虚乌有。)

《天长了,夜短了》:"天长了,夜短了,耗子大爷起晚了。"

《一抓金，二抓银》："一抓金，二抓银，三抓不乐是好人。"（大人边唱边挠孩子的胳肢窝，引得幼儿发笑。）

《不梳头，不洗脸》："不梳头,不洗脸,没有人,看上眼。梳一梳，洗一洗，人人见了都欢喜。"

《洗洗脸》："洗洗脸，不长疙瘩不长癣。洗洗头，给你穿上红绣绸。"

《黑老婆儿，白老婆儿》："黑老婆儿，白老婆儿，洗脸不洗脖。"（"黑老婆儿"是一种黑色的蜻蜓。）

《背背，驮驮》："背背，驮驮，卖大萝卜。搂搂，抱抱，卖大笤帚。" | "背背，驮驮。老腌儿，酱萝卜。酱瓜，苤蓝（le），老牛老牛，卧卧。青豆，黄豆，嘎巴儿一溜；金沙，黄沙，大把一抓。"

《乍乍，乍乍》："乍乍，乍乍，给宝宝，买袜袜。"（"乍乍"是孩子初学走路时站立的样子。）

《虫儿虫儿飞》："虫儿虫儿飞，拉屎一大堆。"／"虫、虫、虫、虫飞，拉屎一大堆；虫、虫、虫、虫跑，拉屎没处找。"

《吃豆豆》:"吃豆豆,拉臭臭,熏得妈妈甩袖袖;甩袖袖,叫舅舅,舅舅不来骂舅舅。"

《驮驮,拉拉》:"驮驮,拉拉;叫声妈妈。"

《牛,牛,牛》:"牛,牛,牛,你打梆子我卖油。"(牛有两种。一为天牛,体长约寸,黑色长须有一对咬人十分厉害的大牙。身背长着白色斑点,生长在树上。一为蜗牛,北京人称之为水牛儿。雨后阴潮地方较多,现前者已不多见。)

《抽汉奸》:"抽汉奸,打汉奸,杂合面,涨一千。"("汉奸"即陀螺,汉奸一词始于引清军入关的汉人明将吴三桂、洪承畴等。"抽汉奸"表现了孩子们对日伪时期卖国求荣汉奸的仇恨。"杂合面"指日伪时期的混合面,人吃了不易消化。)

《小皮球》:"小皮球,香蕉梨,马莲开花二十一。二八二五六,二八二五七,二八二九三十一。三八三五六,三八三五七,三八三九四十一。四八四五六,四八四五七,四八四九五十一。五八五五六,五八五五七,五八五九六十一。六八六五六,六八六五七,六八六九七十一。

七八七五六,七八七五七,七八七九八十一。八八八五六,八八八五七,八八八九九十一。九八九五六,九八九五七,九八九九一百零一。"
(这首儿歌是跳猴皮筋儿,踢毽儿所唱。)

《剃头打三光》:"剃头打三光,不长虱子不长疮。剃头打三下,不长虱字长小辫。"

《那孩子,不是好的》:"那孩子,不是好的,羊肉馅,包饺子。你吃皮,我吃馅,专打那孩子屁股蛋。"

《大头大》:"大头大,大头大,阴天下雨我不怕。"

《大头,大头》:"大头,大头,下雨不发愁。人家打雨伞,我打大铃儿头。"

《下雨了,冒泡了》:"下雨了,冒泡了,王八戴着草帽了。"

《打火镰》:"玩,玩,玩,打火镰。火镰花,卖甜瓜。甜瓜苦,卖豆腐,豆腐烂,摊鸡蛋,爷爷吃饭孙子看。"

《打火镰》:"玩,玩,玩,打火镰。火镰花,卖甜瓜。甜瓜苦,卖豆腐,豆腐厚,卖羊肉。

羊肉香,羊肉好,额娘煮了一锅饺,让我宝宝吃个饱。"("额娘"是满人称呼母亲。)

《水牛儿》:"水牛儿,水牛儿,先出犄角后出头。你爹你妈,给你买了烧羊骨头烧羊肉喂,你不吃,喂狗吃。"

《拍燕窝》:"拍,拍,拍燕窝,窝里住着老大哥。大哥出去卖菜,里头住着个奶奶。奶奶出去烧香,里头住着个姑娘。姑娘出去点灯,小心鼻子眼睛。"

《一个毽》:"一个毽,莲花瓣,两个毽,分四瓣。打花鼓,卖花线。里踢,外拐,八仙过海,九十九,一百。"("里踢","外拐","八仙过海"为踢毽子时的各种不同的表扬动作。)

《一呀二呀》:"一呀二呀,倒打连三棍儿呀。花棍五呀,铜钱数呀,蛋子儿六呀,人字儿七呀,花花搭搭两丈一呀。两什么两呀?二马掌呀。二什么二呀?双枪棍儿呀。双什么双呀?土抗枪呀。土什么土呀?牛皮鼓呀。牛什么牛呀?磕艳球呀。磕什么磕呀?燕子窝呀。燕什么燕呀?扯花线呀。扯什么扯呀?孙膑扯呀。孙什么孙呀？吕洞宾呀。吕什么吕呀？瘸拐儿李呀。瘸什么瘸呀？灶王爷呀。灶什么灶呀？城隍庙呀。城什么城呀？肚儿疼呀。肚什么肚呀？摇葫芦呀。摇什么摇呀？大红袍呀。大什么大呀？吹喇叭呀。吹什么吹呀？吹咱们宝贝儿一鼻子灰呀。"

《叮铛，叮铛》："叮铛、叮铛，海螺儿，烧香；粗米、细米，放屁的不是别人，就是你。"

《二姑娘二》："二姑娘二，二姑娘二，二姑娘出门子给我一个信儿。搭大棚，贴喜字儿，擦红粉，戴耳坠儿，送亲太太联把儿头，娶亲太太奔拉翅儿。四轮马车双马队儿，箱子匣子是我的事儿。"

《月亮爷》："月亮爷，亮堂堂，骑着大马去烧香。大马拴在梧桐树，小马拴在树杈上。鞭子挂在庙门上。开开门，瞧娘娘：娘娘擦着粉儿，爷爷撅着嘴；娘娘戴着花儿，爷爷光脚丫儿。"

《八角鼓》："八角鼓，响叮当，八杆大旗插四方，大旗下，兵成行，去出征，去打仗。骑大马，背上枪，挥鞭打马奔前方。"（"八角鼓"是满族人发明创造的一种乐器,代表八旗。单弦、岔曲表演多用此物。)

《停了雨,住了风》:"停了雨,住了风,阿玛带哥去出征。骑红马,戴红缨,扬鞭打马一阵风。三尺箭,五尺弓,拉弓射箭,射个正中。"("阿玛"是满族人称呼父亲。)

《洗洗头》:"洗洗头,做王侯,洗洗腰,一辈更比一辈高。洗洗脸蛋做知县,洗洗沟,做知州。"(这是接生姥姥唱的一首吉祥歌。"沟"为屁股沟。也在为孩子洗澡时唱。)

《大清国》:"大清国,新事多,年轻小伙怕老婆。老婆、老婆你别骂,孩子哭,我哄着,饭不熟,我等着,小尿盆,我顶着。"

《阿哥新姐把炕扫》:"阿哥新姐把炕扫,全活人,请来了,又撒栗子又撒枣,一个妞子一个小。"("全和人"是既有父母,兄弟姐妹,又有子女,夫妇和美的人。一般要选择懂得事理,能说会道,有才能的妇女来担任此职。这首歌谣是新婚之夜时唱的。"新姐"是满族人称呼嫂子。)

《大姑娘,真着瞧》:"大姑娘,真着瞧,粉红的脸蛋花旗袍。眸黑的大眼不言语,站在门道等女婿。"

《咕咚咚》:"咕咚咚,太平车,里面坐着俏哥哥。镶黄家里看台戏,回家路过红山坨。关老爷庙前好热闹。人山人海闹吵吵。营字里的姑娘长得俏,脸擦脂粉像瓜瓢。"

《脚大好,脚小好》:"脚大好,脚小好,咱们姐妹比比脚,小脚蹬,上山峰,摔了一个倒栽葱。大脚能在雪里站,大脚能在冰上跑。回家跟你爹娘说,小脚哪有天足好。"(满族妇女不缠足,称天足。汉俗中原地区的妇女多缠小脚,称三寸金莲。)

《天足》:"天足大脚肥又宽,一天能跑三百三。"

《新年贺喜》:"新年贺喜,阿哥多礼,赏脸拜年,真心谢你。一手白面,不能拉你。钱粮没领,没物还你。煮饽饽太少,没法儿送你。阿玛不在家,怎么留你?等到阿玛回了家,再下红帖子去请你。"("钱粮"指旗人的俸禄,定时发放,旱涝保收,又称铁杆庄稼。"煮饽饽"就是煮饺子。)

《姐妹二人到城东》:"姐妹二人到城东,一道城东去踏青,捎带放风筝。大姐放的是花蝴蝶儿,二姐放的是活蜈蚣。飘飘起在空,好似一条龙。"

《东西街,南北走》:"东西街,南北走,听见门外人咬狗,拿起狗来砍砖头,又怕砖头咬了手。骑着轿子抬着马,吹着鼓,打着喇叭。"

《正月里来正月正》:"正月里来正月正,七个老西儿去逛灯。反穿着皮袄还嫌冷,河里的王老八怎过冬。"

《小五儿,小六儿》:"小五儿,小六儿,鼻涕邋遢炒豆儿。你一碗,我一碗,馋得小五白瞪眼;你一勺儿,我一勺儿,馋得小六没有毛儿。"

《丫头丫》:"丫头丫,会看家。偷老米,换芝麻。芝麻细,油炸蜜,枣儿糕,热火烧,撑得丫头叫姥姥。姥姥姥姥放个屁,崩得丫头二里地。二里地,下雹子,单打丫头后脑勺子。"

《羊、羊,跳花墙》:"羊、羊,跳花墙。抓把草,喂你娘。你娘没在家,喂你们老哥儿仨。"

《腊七腊八》:"腊七腊八,冻死寒鸦。寒鸦浮水,冻死二鬼。二鬼偷油,冻死老牛。老牛认道,冻死老道。老道念经,冻死老鹰。老鹰拿小兔,冻死老兔子。"/"腊七腊八,冻死寒鸦。腊八腊九,冻死小狗。"

《年来了》:"年来了,是冤家,儿要鞭炮女要花。媳妇要褂子走娘家。我要香烛祭菩萨。"

《花猫儿叫,新年到》:"花猫儿叫,新年到,姑娘要花,小子要炮。老婆要副裹脚布,老头要个破毡帽。"

《小孩小孩你别哭》:"小孩小孩你别哭,过了腊月就宰猪。小孩小孩你别馋,过了腊八就是年,腊八粥,过几天,哩哩啦啦二十三。二十三,糖瓜儿粘,二十四,扫房子,二十五,炸豆腐,二十六,炖羊肉,二十七宰公鸡,二十八,把面发,二十九,蒸馒首,三十晚上熬一宿,大年初一去拜年,您多禧,您多礼,一手白面不搀你,回家给老家儿道个禧。"

《一进新年》:"一进新年,小孩拜年,跪下磕头,起来要钱。要钱没有,转脸儿就走。"

《出了门》:"出了门儿,阴了天儿。抱着肩儿,进茶馆儿。靠炉台儿,找个朋友寻俩钱儿。"(寻:音xín,是指找人要些小东西,零七八碎儿,数量也不多。带有客气的语气。)

《亲是亲,财是财》:"亲是亲,财是财,吃了我的桑葚拿钱来。"

《一根棍》:"一根棍,满地方戳,上南京,找大哥,大哥嫌我眼不好,我比大哥眼还多。"("眼"指眼力见儿,是说见机行事的机灵劲儿。)

《蓝靛厂》:"蓝靛厂,四角方,宫门对着六郎庄。罗锅桥,真叫高,团城跑马真热闹,金山,银山,万寿山,皇上求雨黑龙潭。"

《瀎泧,瀎泧》:"瀎泧,瀎泧,百病消化。食开,水开,三把两把推开。"("瀎泧",音māsa,同"摩娑"。)

《瀎泧肚儿》:"瀎泧肚儿,开小铺儿,又卖油盐又卖酱醋儿。""瀎泧瀎泧肚子,吃一百只兔子,瀎泧瀎泧肠子,吃一百间房子。"

《谁呀?张果老呀》:"谁呀?张果老呀!你怎么不进来呀?怕狗咬呀。你腰里掖着什么呀？大酸枣呀。你怎么不吃呀？怕牙倒呀。你手里拿着什么呀？大皮袄呀。你怎么不穿呀？怕虱子咬呀。你怎么不让老伴给拿拿呀？老伴死啦。你怎么不哭呀？——盆儿吧罐吧，我的老伴吧！"

《小二，小二，上小市儿》："小二，小二，上小市儿。买了个烟袋不通气儿。到家一瞅是根棍儿。"

《小闺女儿》："小闺女儿，十几嘞，婆婆家，要娶了。一对龙，一对凤，金瓜、钺斧、朝天凳。小红鞋儿，蹦得儿蹦。"

《小孩儿、小孩儿，上井台儿》："小孩儿、小孩儿，上井台儿。摔了个跟头，捡了一个钱儿。又娶媳妇又过年儿。"

《小三儿，小三儿》："小三儿，小三儿，吃胡萝卜尖儿，拉红屎，冒红烟儿。"

《你拍一，我拍一》："你拍一，我拍一，黄雀（音巧）落在水塘西。你拍二，我拍二，两个小孩上小市儿。你拍三，我拍三，三件花衣给你穿。你拍四，我拍四，四个小孩写大字。你拍五,我拍五,五个小孩打锣鼓。你拍六,我拍六,六个包子六碗肉。你拍七,我拍七,七个小孩逮母鸡。你拍八,我拍八,八个小孩是一家。你拍九,我拍九,九个小孩手拉手。你拍十,我拍十,十个苹果大家吃。"

《新春正月过大年》:"新春正月过大年,吃点喝点解了馋。初一饺子初二面,初三合子团团转;初四吃米饭,初五的饺子要素馅;初六初七需吃鸡,初八初九牛羊肉,初十吃顿棒子粥;十一吃鱼,十二吃鸭,十三没错吃对虾;十四大碗打卤面,十五家家闹元宵,打春要吃春卷炒鸡蛋。"

《糖瓜祭灶》:"糖瓜祭灶,新年来到。姑娘要花,小子要炮。"

《贴窗花》:"过年啦,贴花啦,满窗子,都红啦。贴个猫,贴个狗,贴个小孩打滴溜。贴个老猴抽烟斗,贴个没牙佬满窗走。"

《接财神》:"财神爷,打南来,反穿着皮袄趿拉着鞋,隔着墙头扔元宝来!"

《你放爆仗我放鞭》:"小巴狗,上南山;吃金豆,拉金砖;你打灯,我抽烟;你放爆仗我放鞭,嘀喽噼啦过新年!"

《一个蛤蟆》:"一个蛤蟆四条腿儿,两只眼睛一张嘴儿,(咕儿呱咕儿呱)扑嗵一声跳下水儿。两个蛤蟆八条腿儿,四只眼睛两张嘴儿,(咕儿呱咕儿呱)扑嗵、扑嗵跳下水儿。"

《小白兔儿》:"小白兔儿,白又白,两只耳朵竖起来。爱吃萝卜爱吃菜,跑起路来真叫快。"

《快来看》:"快来看,快来看!黑鸡下了白鸡蛋,快来瞧,快来瞧!耗子长了一身毛。"

《小妹妹》:"小妹妹,上公园儿;看金鱼儿,真好玩儿;黄嘴巴,黑嘴唇儿,大红尾巴是花裙儿。"

《小蝴蝶》:"小蝴蝶,穿花衣;飞到东,鸡吃你,飞到西,猫抓你;飞到我的手心儿里,说了话,放了你。"

《什么尾巴长》:"什么尾巴长?什么尾巴短?什么尾巴像把伞?狗的尾巴长,兔子的尾巴短,松鼠的尾巴像把伞。什么尾巴弯?什么尾巴扁?什么尾巴最好看?公鸡尾巴弯,鸭子尾巴扁，孔雀的尾巴最好看。"

《小巴狗儿》："小巴狗儿，带铃铛，稀哩哗棱到集上。买个桃儿，桃有毛儿，买个杏儿，杏又酸儿，买个沙果面蛋蛋。小叭狗儿，上南山，拾大米，捞干饭。爹一碗，娘一碗，气的叭狗儿白瞪眼。"

《小白兔，去赶集》："小白兔，去赶集，拿着辣子当鸭梨，咬一口，怪辣的，以后再也不买带把的。"

《小喜鹊儿》："小喜鹊儿，尾巴长，娶了媳妇不要娘，小喜鹊儿，叫喳喳，娶了媳妇不要妈。"

《谁会飞》："谁会飞？鸟会飞。鸟儿，鸟儿怎样飞？扑扑翅膀去又回。谁会游？鱼会游。鱼儿，鱼儿怎样游？摇摇尾巴调调头。谁会跑，马会跑。马儿，马儿怎样跑？四脚离地身不摇。谁会爬？虫会爬。虫儿，虫儿怎样爬？许多脚儿一起爬。谁会走，人会走。请问人是怎样走？两脚移动摆双手。"

《臭蚊子》："臭蚊子，嗡，嗡，嗡。又咬人，又传染病，我们要把蚊子打干净。臭水坑，要掏清，翻盆倒罐讲卫生，从此蚊子不能生。"

《嘟嘟哇》："嘟嘟哇，嘟嘟哇，耗子娶亲来到啦。八个耗子抬花轿，两个耗子放鞭炮，四只耗子吹鼓手，嘟嘟哇哇真热闹。耗子姐姐去送亲，耗子大妈迎花轿，老猫闻听来贺喜，一口一个都吃掉！"

《小花猫》："小花猫，上河西，扯花布，做花衣。不要你金，不要你银，要你花轿来抬人，四个吹，四个打，四个骡子，四匹马，咦哩哇喇抬到家。"

《小鸽子》："小鸽子，满天飞，飞到张家房，张家姐姐喂高粱；飞到李家坡，李家大娘给水喝；飞到刘家院，下了两个小鸽蛋，刘家大哥搭个窝，孵出两个小鸽鸽。"

《黄狗黄狗你看家》："黄狗黄狗你看家，我到南山采棉花，一朵棉花没采到，我的亲家又来啦。亲家亲家会擀面，擀到锅里团团转，公一碗，婆一碗，案板底下藏一碗，猫儿过来舔舔碗，狗儿过来砸了碗，耗子过来吱儿吱儿爬上碗。"

《小喜鹊，站树杈》："小喜鹊，站树杈，开口叫，喳！喳！喳！姐姐种菜妹种瓜，哥哥插柳我栽花。"

《小兔子，开铺子》："小兔子，开铺子，一张小桌子，两把小椅子，三根小绳子，四只小匣子，五管小笛子，六条小棍子，七个小盘子，八颗小豆子，九本小册子，十双小筷子。"

《斗虫儿斗虫儿飞》："斗虫儿斗虫儿飞，虫儿拉屎一大堆！大虫儿往家跑，小虫儿后头追！"

《喜鹊喳喳》："喜鹊喳喳进了宅，早报喜，晚报财。晌午饭，有人来。"

《什么耳朵长》："什么耳朵长？什么耳朵短？什么耳朵遮着脸？驴的耳朵长，马的耳朵短，大象的耳朵遮着脸。什么耳朵尖？什么耳朵圆？什么耳朵听得远？猫的耳朵尖，猴的耳朵圆，狗的耳朵听得远。"

《高高山上一头牛》："高高山上一头牛，尾巴长在屁股后，四个蹄子分八瓣，脑袋长在脖子头。"|"高高山上一头牛，两个犄角一个头，四个蹄子分八瓣,尾（音 yǐ）巴长在屁股后头"。

《喇叭花》:"喇叭花,爬篱笆,爬到高处吹喇叭,哒哒嘀,嘀哒哒!小孩儿,小孩儿,该起啦。"

《一二三四五》:"一二三四五,上山打老虎,老虎打不到,打到小松鼠,松鼠有几个?让我数一数,数来又数去,一、二、三、四、五!"

《小蝌蚪》:"小蝌蚪,像黑豆,成群结队河中游。慌慌忙忙哪里去,我要和你交朋友。小蝌蚪,摇摇头,转眼就把尾巴丢。我要变成小青蛙,游到田里保丰收。"

《板凳宽》:"板凳宽,扁担长,扁担绑在板凳上,板凳不让扁担绑在板凳上,扁担偏要扁担绑在板凳上。"

《西瓜西瓜圆又圆》:"西瓜西瓜圆又圆,红瓤儿黑籽在里面,打来井水镇一镇,吃到嘴里凉又甜。"

《小狗汪汪叫》:"小狗汪汪叫,门外谁来到?开门看,是姥姥。姥姥笑,把倒茶,茶香,放糖,糖甜,买面,买来白面擀面汤,姥姥一顿吃个光。"

《点杏花》:"点、点,点杏花,收了杏,吃菜瓜。点、点，点桃花，收了桃，吃甜瓜。点、点，点荷花，来了耦，吃西瓜。点、点，点梅花，下大雪，吃糖瓜。"

《掰白菜》："掰呀，掰呀，掰白菜呀，大车拉呀，小车卖呀，卖了钱给奶奶；奶奶做了一双花儿鞋，耗子咬半截；东屋追，西屋追，追得耗子拉拉尿；东屋赶，西屋赶，赶得耗子白瞪眼；东屋截，西屋截，截得耗子叫亲爷。"

《胡萝卜尖儿》："胡萝卜尖儿，跳花山儿，花山后，驴推磨，狼抱柴，狗烧火，兔子上炕捏饽饽，你一个，我一个，花猫呐？上树了。树呐？锹刨了。锹呐？换枣吃了。枣核儿呐？水冲跑了。水呐？和泥了。泥呐？砌墙了。墙呐？猪拱了。猪呐？剥皮了。皮呐？粘鼓了。鼓呐？小孩打破了！"

《红门楼儿》："红门楼儿，白门槛儿，里面住着个小红孩儿。"

《一个枣核》："一个枣核大不大？一间屋子盛不下。一个枣核小不小？一间屋子盛不了。"

《大头儿大》："大头儿大，大头儿大，人人大头儿都朝下。不信回家问你妈,你妈大头儿也朝下。"

《千条线,万条线》:"千条线,万条线,落到水里就不见。千朵花,万朵花,落到水里找不着它。"

《大姐上山出溜溜》:"大姐上山出溜溜,二姐下山滚绣球,三姐磕头梆子响,四姐洗脸不梳头。"

《有翅没有毛》:"有翅没有毛,爬得高又高,不吃粮和菜,树上叫声高。"

《哥儿俩一边儿高》:"哥儿俩一边儿高,出门就摔跤;哥儿俩一边儿大,出门就打架。"

《说你呆》:"说你呆,你真呆,胡子一大把,样子像小孩。说你呆,你不呆,把你推一推,你又歪一歪;要你躺下去,你又站起来。"

《起南来个黑大汉》:"起南来个黑大汉,头上插着两把扇,走一步,扇一扇,阿弥陀佛好热天。"

《一二三四五六》:"一二三四五六,妈妈上集买牛,一个头,两个角,三花脸,四只脚,五花大肚皮，六月做活计。"

《忽听门外人咬狗》："忽听门外人咬狗，举起门来拉开手。拾起狗来打砖头，又让砖头咬了手。骑了轿子抬了马，吹起鼓来打喇叭。"

《什么尖尖尖上天》："什么尖尖尖上天？什么尖尖在水边？什么尖尖街上卖？什么尖尖姑娘前？

宝塔尖尖尖上天，菱角尖尖在水边，粽子尖尖街上卖，花针尖尖姑娘前。

什么圆圆圆上天？什么圆圆在水边？什么圆圆街上卖？什么圆圆姑娘前？

太阳圆圆圆上天，荷叶圆圆在水边，烧饼圆圆街上卖，镜子圆圆姑娘前。

什么方方上天？什么方方在水边？什么方方街上卖？什么方方姑娘前？

风筝方方方上天，丝网方方在水边，豆腐方方街上卖，手巾方方姑娘前。

什么弯弯弯上天？什么弯弯在水边？什么弯弯街上卖？什么弯弯姑娘前？

月亮弯弯弯上天，白藕弯弯在水边，黄瓜弯

弯街上卖,木梳弯弯姑娘前。"

《打花巴掌哒》:"打花巴掌儿哒,正月正,老太太爱逛莲花灯;

打花巴掌儿哒,三月三,老太太爱抽关东烟;

打花巴掌儿哒,五月五,老太太爱吃烤白薯;

打花巴掌儿哒,六月六,老太太爱吃煮白肉;

打花巴掌儿哒,七月七,老太太爱吃炖公鸡;

打花巴掌儿哒,八月八,老太太爱吃面西瓜;

打花巴掌儿哒,九月九,老太太爱吃莲花藕;

打花巴掌儿哒,十月十,老太太吃饭不择食。

合唱:烧着香儿呀,捻纸捻儿呀,茉莉茉莉花儿啊,串枝莲呀,江西腊呀,艾杭尖儿呀。"

二　记录老北京儿歌的书

在明清两代就有对老北京歌谣搜集、整理的集子出现。如清光绪二十年(1894)有《都门打油诗》《九城修马路》。1920年北京大学成立了歌谣研究会,出版了《歌谣》周刊。共出97期,发表了两千多首歌谣。20世纪初期,还有1923年的《北平儿童歌谣集》(油印本)、1928年雪如编辑的《北平歌谣集》和1930年的《北平歌谣续集》，1932年张泽之编译的《北京歌谣》、林庚的《北平情歌》，1936年李家瑞的《乾隆以来北平儿歌嬗变举例》。

一些外国人也很关注北京的歌谣。外国人记录北京儿歌的图书，目前所见的有如下两种：一种是1896年由意大利人韦大列（Guide Vitale）编纂的《北京歌谣》；一种是美国人何德兰（Isaac Healland）编的《孺子歌图》。这两种文本都是中英文对照。两书都是记录北京民俗文化的扛鼎之作。

《北京歌谣》收录了170余首北京的童谣。韦大列从西洋的文化价值观认识到北京童谣的历史价值。他甚至呼吁"那些可以与人民自由交际的，必定可以多得些这种野生的诗的好例子。若有人肯供我些新材料，或他各自要担任一个歌谣的新集的工作的，我极端的欢喜"。他希望与中国文化人一起收集完成。对韦大列的这一善举，新文化的先行者对此极为关注。民俗学者常惠曾向胡适推荐了此书。胡适在他的《北京的平民文学》一文中写道："卫太尔（即韦大列）男爵是一个有心的人，他在三十年前就能认识这些歌谣之中有些'真诗'，他在序里指出十八首来做例，并且说，'根据在这些歌谣之上，根据在人民的真感情之上，一种新的"民族的诗"也许能产生出来呢？'"（原载1922年10月1日《读书》第二期）可见胡适对这位外国人的卓见给予充分肯定。周作人也在他的《歌谣》一文中对韦大列的卓识大加赞许，称此书"极有见解，而且那还是1896年说的，又不可不说他是先见之明了。"

韦大列（Guide Vitale），1890年起在意大利驻华使馆任职，长期侨居北京，并在中国结婚生子，对北京的民俗及历史文化有着浓厚的兴趣。他在《北京歌谣·序》中说道："吃尽一切劳苦，尽力地搜集，可是还着实地不完全。"他经过几年的努力，终于在1896年出版了《北京歌谣》。此后于1901年出版了《中国笑话集》一书。全书收录了99个笑话，也是一部学习英文的汉语教材。韦大列确是一个很有学术眼光的外国民俗学者，对北京的民俗文化整理做出了很大的贡献。

这本书的每一首儿歌下面都有英文注释（notes），是用英文对儿歌的内容及相关的词语作注解。不仅解词，而且解意。这为外国人了解中国文化，北京民俗，学习汉语都提供了极大的便利。如：

门礅：men^2 tun^1 r, a big stone ｜ seat placed by the side of a street door.

对歌谣中比较难理解的词语，先用英文字母在汉字后逐字注拼音，并在每一组字的拼音字母后上角用阿拉伯字母标注汉字的四个声调。即用1、2、3、4分别表示"平上去入"四个声调。

再如：

"蒿子灯"的注释：On the fifiteenth day of the seventh moon is celebrated the Feast of the Spirits。

中元节 Chung^1 yuan^2 chie^2。用英文解释了

"蒿子灯"在民俗节日——中元节里的功用。英文注释很到位。又如：

吉了儿：chi² liao³ r 既有音标，又注汉字"䴗䴖儿"。

此外，对"打嘎儿"的注释，要使用一根棍，而正文中却没提及棍。对"蔼康尖儿"的注释：a shoot ocymum basilicum(sweet basil). 对《买一包》的"一包"的注释，用英文解释，又加汉语词注释。"包"里买的是"壮药"，名为"百补增力丸"。另外，还对"挺长脖"的"挺"，"没落（lao）子""摩勒鱼儿""困秋帽"等词语进行解释。

该书开篇第一首是《拉大锯》："拉大锯，扯大锯；锯木头，盖房子；姥姥家，娶娘子；搭大棚，唱大戏，接姑娘，请女婿；小外甥，也要去。"此外，《小秃儿，咧咧咧》《金轱辘棒，银轱辘棒》《扯扯，扯轱辘圆》《水牛儿，水牛儿》《小小子儿，坐门礅儿》《铁蚕豆》《风来咯》《小耗子儿》等，都是童谣中脍炙人口的篇章。

文中有许多老北京的俗语、土话，如："麻

楞""厌物儿""蚂虎子""乍板儿鞋""把卜了"（把尿之意）"拖（脱）落地""龟盖儿""小蜡千儿""打嘎儿""多会儿""大疤拉""血丝胡拉""吃他娘的一顿犒劳""毛腰""一呀儿哟""闹一包""脖梗子""脑袋儿瓜""将就""撌口儿甜""回头"等等。

这些土语都是清末时期的老北京话。其中有些土语今已消亡，有些至今仍在使用。韦大列的著作对于清末北京话研究来说弥足珍贵。

1900年由美国人何德兰（Isaac Headland）编辑的《孺子歌图》，收录了152首北京的儿歌。对此常惠掩不住溢美之辞："一本在1900年出版的，共有152首歌谣，是一位美国女士所辑，不但有中文，还译成英文的韵文，而且还有极好的照相，很能把20年前北京的社会状态表现出来，这是我最喜欢看的。"仅仅这些照片，就为人们展现了一幅清末北京市井生活的风俗画卷，尤其是京师满族旗人丰富多彩的服饰及质朴真实的生活场景。

何德兰（Isaac Taylor Headland）：（1859—

1942）美国传教士。1888年来华，任教于北京汇文书院。还著有《晚清宫廷见闻录》（1909）。该书有20幅精美插图。宫廷中重要人物及老北京街景照片，含有慈禧太后御照及慈禧本人的绘画。还有《中国的男孩和女孩》（1901）、《中国的英雄》（1902）《中国的新时代》（1912）《中国百姓生活》（1914）等著述。

《孺子歌图》全书收录152首童谣，印制精美绝伦。每首童谣都配有精美插图，极富有生活气息。每幅图片尽量与文字内容相符。英文在前，中文在后。中文为书写体。英文表述的也很准确通俗。书的封面极有风采，仿照中国传统的百子图设计。图中的孩子们各自尽情地玩耍游戏。何兰德独具慧眼，她看重北京童谣的文化价值，把它们忠实地记录下来，对于北京历史文化保护功不可没。

"五四"运动中的一些学者提倡民歌与歌谣的收集。当时的《歌谣》周刊发刊词宣称收集歌谣有两个目的：一是为民俗学提供研究资料；二是促进未来诗歌的发展。到了1936年，胡适在《复刊词》中说:"我当然不看轻歌谣在民俗学和方言研究上的重要,但我总觉得这个文学的用途是最大的,最根本的。"胡适的这一段话同样适用于"北平的儿歌"。儿歌是一个民族歌谣的重要组成,在民俗学的研究上同样不可低估。

第九讲
老北京的妈妈论儿

一 什么是妈妈论儿

"妈妈论儿","论"读作lìn,也作"妈妈令",或作"老妈妈例儿"。是指旧俗相传的讲究,多涉及迷信的说法。晚清冷佛的小说《春阿氏》中有这样的句子:"按着老妈妈例儿说,平白无故你要叹一口气,那水缸的水都得下去三分;像你这每日溜蒿子,就得妨家!"这就是给家中媳妇定的规矩。不许"叹气""溜蒿子"。

先说说这个"论",在侯宝林先生的相声《北京话》中就提到了这个字,"您俩怎么论?"意思是说,你们俩是什么关系?"论斤约",就是"按斤约"。在老北京话中还有"不论秧子"这个词,如《骆驼祥子》：你要是不愿意听我的，我没工夫跟你费吐沫玩！说翻了的话，我会堵着你的宅门骂三天三夜！你上哪儿我也找得着！我还是不论秧子！"不论秧子"，即不管不顾，什么也不在乎，谁也不怕。

所谓妈妈论儿，就是说妇女们的一些旧俗讲究和禁忌。"论"（lìn）字儿化，就写成了"令（lìng）儿""例（lì）儿"。"妈妈论儿"关乎生活的各个方面，衣食住行都有"妈妈论儿"，比如打碎个碗得说句"岁岁平安"，过年时也必须要吉祥话在口。

二　老北京的妈妈论儿

老北京的妈妈论儿，大体可以分为讲究和禁忌两大类。

1. 讲究，就是要求别人该怎样做，多为礼节、待客之道、婚庆习俗、节令习俗方面。比如"酒满敬人，茶满送人""右为尊""论辈不论岁儿""三天没大小""小辫靠窗户"，等等。如：

"酒满敬人，茶满送人"，这是待人接客时的讲究，劝酒时要斟满，倒茶时不能满，满了就是在逐客。进一步的说法是："茶七，饭八，酒十分。"茶倒到七分满的程度刚好；饭盛到八分满，过了叫"碰鼻梁"，对客人不尊重。

"金鸡三点头"，这是斟酒、倒茶的规矩，要连续分三次倒。

"右手为尊"，家里来客时，或者过年过节的时候，座位是有讲究。如果正座儿确定了，那么坐在正坐右手边儿的是最有面子的。因为有句老话叫"无出其右"。

"论辈不论岁儿"，早时候有些大户人家，或是娶妻纳妾，或是晚年续弦，这时候家里的辈分就跟年龄脱了钩了。小年纪辈儿大，大岁数辈儿小。这时候，要排序的时候，一般就论辈儿不论岁儿，正所谓"萝卜小长在辈儿上了"。

"三天没大小"，长幼尊卑之间的处事是有严格规矩的，不能随随便便。但是，在家里举行婚礼的三天内，可以逾越辈分、关系随便开玩笑，不用拘束，就是要图个乐和。过了这三天，还是要按照家族的规矩和尊长处事。

"小辫靠窗户",这是老北京的旧习俗,姑爷第一次到丈母娘家,可以算贵宾。旧时家里都是土炕,要在炕上吃饭,通常就让姑爷安排在背窗而坐,表示上待。那时清朝男人留辫子,所以就有了"小辫靠窗户"这个说法。

"出了满月挪臊窝儿",这个讲究现在还有所保留。孩子生出来,头一个月内不能出门。等到男孩满月的头一天,爷爷奶奶应当给孙子操持办"满月"。女孩则要到满月的当天办。过了满月,母亲带孩子回娘家,这叫"挪臊窝儿"。没条件的在家里换换屋子,也算是挪了臊窝了。

"丈母娘疼姑爷,一百一",意思是说当妈的疼姑爷要比疼自己女儿更多。姑爷可能不招老丈竿子(岳父)的喜欢,但在丈母娘(岳母)是肯定会受到好的招待。

"大老伯子续小姨,没人笑话",旧的习俗在姻亲的关系中,丈夫和妻子的妹妹可以玩笑,但大伯子不能跟弟媳妇玩笑,以保持威严。所以男子丧妻后，续娶小姨子没人笑话，因为这是合乎规矩的。

"娘舅爷，姑奶奶"，这两个称呼主要是跟婚宴桌上的排序有关。按北京的规矩，女方娘家人的中心人物是本家的舅舅。舅舅送亲到男方，这时就可以摆"大舅爷"的架子，有资格挑礼儿。男方的家人得顺应。在男方这家的中心人物是新郎的姑姑。里外张罗照应靠着"姑奶奶"。民间有句俗话："姑表亲，辈辈亲，砸断了骨头连着筋"。这是从血缘关系解释了"大舅爷""姑奶奶"的身份。所以，婚宴当天的主桌上，正座应该是留给女方娘家舅的。

"三天为请，两天为叫，当天为提溜"，这是婚娶迎嫁中请客的礼数。发请柬或通知亲朋好友，必须在结婚典礼的三天之前完成，要不然就会露怯失礼。三天之前通知，算是"请"人；头两天，算"叫"人；当天，就算是"提溜"人了。如果是懂礼儿的人挑眼，根本就不来参加。重要的亲戚朋友，一般都在婚前一个月上门去通知邀请。

"老二抱盆,老大摔",这是说老人去世后办丧事,老大是负责摔盆的人,也就是给指令起灵去墓地的人。老二没有摔盆的资格,只能抱着盆。

"立春吃春饼",立春亦称"打春""咬春"或"报春",立春吃春饼的传统,称之为"咬春",人们希望在新的一年里防病去灾。

"立秋贴秋膘",意思是在立秋这天要吃炖肉,为的是用肉把身体苦夏的减轻的肉重新补回来。

"腊八饺子、腊八粥","腊八节"起源于远古时的"腊祭",传说每年腊日,古人要举行祭祖,祭诸神活动,以祈求五谷丰登,吉祥平安。老北京还有这样一首歌谣:"腊八粥、腊八蒜,放账的送信儿,欠债的还钱"。

"冬至的饺子,夏至的面",意思是冬至要吃饺子,以防止冻掉耳朵,夏至要吃面条,这叫作"入伏面",因为面食清凉消暑。

"腊月二十三,糖瓜粘",指的即是每年腊月二十三祭灶神。"腊月二十三,灶王爷要上天。"

说的是腊月二十三日这天，灶王爷要上天庭去向玉皇大帝汇报人间实情，因此每家每户都要摆上供品来祭灶君上天。

2. 禁忌，就是禁止人做什么。大部分的禁忌是针对妇女的，包括已婚和未婚两类。也有针对孩子的。还有很多禁忌是在过年期间一定要注意的。禁忌就是告诫，按照"妈妈论儿"来说，如果你不注意禁忌，那么就会产生一定的后果。当然，这都为了吓唬人，以使其能听从规定。比如"七十不留饭、八十不留住"，这是关于老人的规矩。意思是这岁数的老人来串门，一般是不留饭或不留下住宿的，以防意外发生，说不清楚。

我们先来看一些对大姑娘的要求：

"未出嫁时不许尝生饺子馅"，原因是如果在未出嫁时尝了生饺子馅儿，出嫁时轿子就会掉河里。

"未出嫁时不准就着案板吃东西"，原因要是就着案板吃东西的话，出嫁以后要是遇到诉讼官司或什么惊官的事，必得由她作证。

"未出嫁时不准就着饭勺吃东西",原因是如果就着饭勺吃东西,就一准嫁个黑脸女婿。

"未出嫁时不许磨刀",原因是要是磨了的话,准嫁个慢性子姑爷。

"未出嫁时吃饭不许掉饭粒",原因是掉饭粒子,很可能就会就嫁给麻子。

再来看几个对孕妇的要求:

"怀孕不许受人磕头,也不许给人磕头"。

"不能喝浓茶、多吃醋",原因是如果喝浓茶、多吃醋,生孩子的时候会难产。

"不许把垃圾堆在门后",原因是如果堆了,儿子生下来招人笑话。

以下是一些生活礼节:

"不许对着壶嘴喝茶",原因是如果对着壶嘴喝茶,就会见人说不出话。

"弟媳妇不许坐扫把",原因是如果坐了,可能会当着大伯子放屁,受人耻笑。

"新婚忌空房",新婚忌空房,因此新婚少妇不得在娘家留宿。

过年时的"妈妈论儿"更是要求严格:

"不准扫地",大年三十这天,家家户户剥花生、嗑瓜子,满地皮不许扫,就让它在脚底下踩来踩去的,这就是"踩岁",意欲"踩祟"的意思。"踩",也通"财"的意思,不能将"财"扫出去。

"不准女人祭神、祭祖",禁止妇女(尤其是孕妇、寡妇)参加祭神、祭祖活动。因为妇女属阴,阴不能压阳;孕妇系"四眼人";寡妇"方死"了丈夫是戴罪之人,是守孝之人,是不祥之人。倘若冲撞了神、佛、祖先,即等于冲了"家运"。

"忌门",从除夕家佛堂、祠堂起香之时起,即不接待妇女,虽至亲亦如此,谓之"忌门"。妇女外出拜年,须待正月初六日开始。

"忌嘴",除夕夜,是为诸神下界之时,人人必须恭谨行事,不得争斗谩骂,以免冲撞过路神灵。禁说不吉利的话,言谈中不得带有"打、杀、砍、剐、破、坏、没、输、赔、光、鬼、病、痛、穷等等字眼。

"忌哭闹",小孩不准哭闹、吵架。小孩不

听话，大人应好言相劝，不准打骂。

"忌摔盆打碗"，不准打碎盆、碗等家具，否则即是破产之兆。如一旦打碎，当马上说"岁岁"（碎碎）平安，及时进行"破解"。

"忌扫地、倒垃圾"，不准扫地，否则会把财扫出去；不准倒垃圾和泔水，这是怕把财倒出去。

"忌刀、针、剪"，不准动刀，以防止凶杀；不准动针，以防止长针眼；不准动剪子，以防止口舌之争。

"初一不看病、不吃药"，正月初一不准看病、吃药，否则，一年到头都会生病。

"忌花钱"，元旦之日不准花钱，否则，一年都是受穷。但给小孩压岁钱不在此例。

"忌做饭"，忌做蒸、炒、炸、烙等炊事。因"蒸"与"争"谐音；"炒"与"吵"谐音；"炸"与"炸"（zhà）谐音；"烙"与"落"谐音。均属不吉。过年一律吃年前做好的年菜。

"忌荤腥"，这是因为有的家庭因受佛、道两教禁杀生的训诫，初一要忌荤，一天两顿素馅饺子。说是大年初一吃一天素,即可代替全年。

"大年头三天不动刀",从腊月二十三到除夕,叫作小年,过了正月初一叫大年。按照传统,北京人提前就蒸出几锅馒头、豆包,包好饺子,切出菜来,过年时一热一炒就可,这段时间是不能动刀的。

"大年头三天,媳妇不见娘家人",自初一到初三,媳妇不能回娘家的,得在婆婆家守着;丈夫可以到丈母娘家去拜年。过了大年,媳妇回娘家,到农历二月初二,丈夫去娘家接媳妇。

"三十守岁",不论男女,三十晚上都得在父母家过,不拜年,不串门,不睡觉,谓之"守岁"。子时钟声一响,晚辈儿得给长辈儿拜年,长辈儿给小辈儿的压岁钱。拜年的时候,男的早先还要磕头,预先铺好垫子,双膝下跪,头点地:"奶奶,孙子给您磕头了。"奶奶回答,"起来罢,好小子,这是奶奶的压岁钱。"

"正不娶,腊不订",正月不娶亲,腊月不订婚。正月婚嫁,腊月订婚,夫妻不能白头到老。

"正月报丧,撕破一角",正月时如有亲友

家送来报丧的讣闻,需撕破一角,作为破解,以除晦气。

"正月不做鞋",妇女在正月里不做鞋,以避免"招邪"(因"鞋"与"邪"谐音)。

"正月忌剃头,否则死娘舅",正月忌剃头,否则死娘舅,据说这是民国的思想,剃头会思及旧君,故曰"思旧"。相传既久,遂讹作"死舅"。

"正月不洗脚",原因是如果正月洗脚,就会腌菜臭缸。

"正月初七忌针线",初七动针线,会引来七仙女。七仙女预示着连生七个女儿。

"过年节忌针线",原因是如果在过年时动针线,以后过节就生病。

这些妈妈论儿随着时间的推移,在一辈儿又一辈儿的老北京人中流传,我们从中能够体味到老北京人对规矩、礼节的重视,以及对于家庭伦理的重视。虽然有些过于苛责和陈旧,但还有很多妈妈论儿还是有一定道理的。

第十讲

老北京的喜歌与其他民谣

一 老北京的喜歌

马三立老先生的相声《吃饺子》当中，描述了一个人为了在过年时赊点白面，站在粮食店门口"念喜歌"。"念喜歌"，掌柜的不理，于是他就改念丧歌（丧，去声），掌柜的一听就赶紧把白面赊给他。这段相声所描写的正是在清代末年，北京城所盛行的"念喜的"，也叫"唱喜歌的"。

"唱喜歌的"以韵诵为主，主要是颂唱吉祥话。喜歌每段音乐小有变化，使听众有新鲜感，没有听觉疲劳，不觉枯燥；也显示出喜歌音乐的丰富性。乐谱虽短，却多有变化。

"喜歌"多为乞丐或看街的"大闲等儿"行乞时演唱。他们遇有人家娶媳妇、聘姑娘、办生日、做满月、挂匾、开市、竖柱上梁（盖新房），便适时临门演唱，为的是求得赏钱。凡是念喜的大都有"杆"上的师父口传心授，有固定的一套词，再根据实情随机应变，加几句吉祥话。

在20世纪30年代北京大学研究院文科研究所歌谣研究会编的《歌谣》周刊曾刊载徐芳的《北平的喜歌》（第二卷第十七期）及李家瑞相关的文章《谈嫁娶喜歌》（第二卷第二十期）。据徐芳的《北平的喜歌》记载，她所了解的"北平喜歌"有一百多种，分为六类，即贺娶亲歌、贺嫁女歌、贺生子歌、贺新年歌、贺建屋歌、贺开张歌。

1. 喜歌的歌词

第一，四喜歌

先介绍一段北京比较流行的四喜歌，它的词句如下：

四喜歌

福字添来气冲冲，福缘山青降雨行。

福如东海长流水，恨福来迟身穿大红。

禄行小招连中三元，鹿叼灵芝口内含。
路过高山松林下，鹿过凤翔作高（为）官。

寿星秉寿万寿无疆，寿桃寿酒在中央。
寿比南山高万丈，彭祖爷寿活八百永安康。

喜花掐来戴满了头，喜酒儿斟上瓯几瓯。
喜鸟落在房檐儿上，喜报三元独占鳌头。

第二，贺亲喜歌

（甲）

登贵府，喜气先，斗大的金字贴两边。
八抬轿大换班，旗锣伞扇列两边。
金瓜钺斧朝天镫，黑红帽子老虎拳。
走喜街，越喜巷，走到阁老喜门前。
掐喜顶，撒喜杆，新人下轿贵人搀。
铺红毡，倒红毡，喜毡倒在喜堂前。
南京作官带来的檀香木，
北京作官带来的喜香檀，

鲁班爷雕刻的八宝紫金鞍。

新人一步跨过去，一年四季保平安。

这边站的天仙女，那边站的喜状元。

一拜天，二拜地，三拜喜婆喜当然，

四拜妯娌也是喜，五拜五子登科喜状元。

正念喜，喜气先，空中来了福禄寿三仙。

增福仙、增寿仙，刘海本是海外仙。

刘海不落凡人地，差我来人撒金钱。

金钱撒在宝宅内，荣华富贵万万年。

听我来人夸五官：南来道喜，阁老宰相。

　　　　　　　　北来道喜，文武状元。

　　　　　　　　西来道喜，文武百官。

　　　　　　　　东来道喜，朝郎驸马。

家有家官，路有路官。家中倒有一厨官。

知客官，把席安，跑堂官，不消闲。

回首又把辫子编，伸手抄起大洋盘。

先端八个碟子九个碗，大米干饭赛粉团。

一个火锅摆中间，亲朋好友吃了去，

夸夸东家好席面，要是外跑吃了去，

　五湖四海把名传。虽说东家席面好，还

得厨师好手段。

（乙）

东方一展太阳生，迎风转过念喜的来。

笙吹细乐前引路，两边锣鼓把道开。

穿过大街越小巷，直到阁老府门来。

来的不早也不迟，正是新人下轿时。

新人下轿贵人搀，两个童子倒红毡。

一倒倒在花堂前，这才唤出文状元。

一支弓，三支箭，满斗麦子供龙天。

一拜天，二拜地，三拜公婆常在世；

四拜妯娌多和美，五拜白头到老好夫妻。

正念喜歌抬头观，空中来了众神仙。

有只蛤蟆三条腿，那是刘海戏金蟾……

（丙）

喜鹊落枝喳喳叫，凤凰成双哈哈笑。

主人喜庆天地亮，听我三贺把喜道。

一贺夫妻和睦好，恩恩爱爱俩活宝；

二贺夫妻会发财，芝麻开花节节高；

三贺来年生贵子，早早就把龙蛋抱。

笑谓喜，喜谓先，五彩祥云上下翻，

要问来了哪一个？来了和合二位仙。

笑谓喜，喜谓先，五彩祥云上下翻，

要问来了哪一个？来了刘海撒金钱。

金钱撒在府园内，富贵荣华万—万—年！

（丁）

一登贵府喜气先，斗大的喜字贴两边。

旗锣伞扇锣鼓喧，金瓜钺斧朝天镫，黑
　　红帽子老虎拳。

走喜街，越喜巷，走到阁老喜门前。

揭轿顶，撒喜杆，新人下轿贵人搀。

铺红毡，倒红毡，红毡倒到喜堂前。

南京做官带来的檀香木，

北京做官带来的喜香檀，

鲁班爷亲手雕刻的紫金鞍。

新人一步跨过去，一年四季保平安。

这边站的天仙女，那边站的喜状元。

一拜天，二拜地，三拜喜婆喜当然，

四拜妯娌也是喜，五拜五子登科喜状元。

正念喜，抬头观，空中来了福、禄、寿三仙。

增福仙、增寿仙、增喜仙，后跟刘海撒金钱。

金钱撒在宝宅内,荣华富贵万万年!万万年!

第三,浇梁喜歌

再来看一首浇梁喜歌,歌词是这样的:

(先在门外面朝南念"侃"词)

  头顶千祥云集,脚踏生财福地。

  右有万道祥光,左有一团紫气。

  前是鹏程万里,后是堆金积玉。

(转过脸迈门槛念喜歌)

  爆竹震四方,三星照当央;

  下徒迈门槛,来浇紫金梁。

(挂鲁班牌位,接过斗)

  主家斗,接在手,这是南麻共北柳。

  怀抱斗,手提酒,手扒云梯向上走;

  步步登高,步步登高,

  我到上房走一遭。

  来到上房观其祥,今天正是黄道日,

  正赶主家来上梁。

  这柁是好柁,这梁是好梁;

  生在何处,长在何方?

  生在云南贵州,移栽卧龙岗上;

根扎东海大洋,树梢遮住太阳。

主家在树下经过,见它生的贵样,

这才把它置买停当。

用的车拉船载,经过水旱码头、镇店村庄。

来到家下,请来木匠师傅照量;

一位师傅动手,众位师傅帮忙;

钢锛不住乓乓响,这才砍成好柁梁。

大柁修成一条龙,摇头摆尾往上行;

行到空中它不动,单等主家来挂红。

红挂九龙头,日子不发愁;

红挂九龙腰,芝麻开花节节高;

红挂九龙尾,福如东海长流水。

正念喜歌抬头观,空中来了众神仙;

大仙不落凡间地,打发来人撒金钱;

一撒金,二撒银,三撒骡马共成群;

金钱撒在宝宅内,祖祖辈辈不受贫。

我们可以从这首浇梁喜歌中看到念唱喜歌的过程和仪式:先在门外,朝南念"侃"词,然后转过门槛念喜歌,之后再挂鲁班牌位,接斗念主喜歌。

第四，贺开张歌

有些念喜歌者会为了讨店主欢心，在店铺门口念唱吉庆的歌词。比如这首出现较晚的喜歌，是行乞者在自行车铺所唱：

> 打竹板，往前挪，掌柜卖的自行车。
> 自行车，真不赖，骑车准比走的快；
> 女坤车，没大梁，骑车就是不上房；
> 自行车，真正好，就是不能横着跑……

喜歌表现的内容比较广泛，涉及老北京的各行各业。近代素有丐王之称的潘金智颇能即兴念唱。他到理发店门前便唱：

> 正行走，抬头看，面前就是理发店。
> 理发店、理发堂，玻璃宝镜四面安，螺
> 　丝转椅放中间。
> 师傅妙手上下翻，军剃前民剃后，僧道
> 　两门剃左右。
> 不论天子并诸侯，抓住头发水里揉。
> 不管公卿和宰相，抓住头发不敢犟。
> 你们店里好手艺，一年四季好生意。
> 您发财俺帮光，手托莲花来拜望。

君拜君,臣拜臣,叫花子专拜大量人。

大量大海量宽,刘邦大量坐江山。

大量大福也大,李渊量大坐天下。

好话说了这么久,恭请师傅快动手。

你拿钱我就走,双脚离开你门口。

双脚走出你门外,你图安生我图快。

你图安生把财发,我图快来转回家。

传统相声中,像《(学唱)数来宝》《同仁堂》《棺材铺》等节目都通过相声形式仿学了乞丐花儿郎的种种唱喜。像《同仁堂》就是通过甲乙互相诘问,学唱了乞丐给八种买卖念唱的喜歌:铁匠铺、鞋铺、首饰楼、棺材铺、剃头棚、理发馆、豆腐房,最后落在了北京的大买卖同仁堂上。

同仁堂,它开的本是老药房,先生就好比神手自在王。

药王爷就在当中坐,十大名医列两旁。

先拜那药王后拜你呀,你是药王爷的大徒弟。

药王爷他本姓孙,骑龙跨虎手捻着针。

内科的先生孙思邈,外科的先生华佗高。

孙思邈，医术高，三十二岁保唐朝。

正宫的娘娘得了病，他是走线号脉治好了。

一针治好娘娘的病，两针他治好龙一条。

万岁爷闻听龙心喜，传旨宣他入当朝。

封他个文官他不要，封他武将他把头摇。

万般出在无计奈，才钦赐一件大黄袍。

一旁怒恼了哪一个？怒恼了敬德老英豪。

微臣我：东挡西杀南征北战跨马抡鞭功劳大，为什么不赐大黄袍？

这先生治好娘娘病，您就钦赐大黄袍。

说着恼来道着怒，手持钢鞭赶黄袍。

一赶赶到八里桥，药王爷的妙法高，脱去了黄袍换红袍，

黄袍供在药王阁(gǎo)，黎民百姓才把香烧。

您这个买卖有栏柜，那栏柜本是三尺三寸三分高。

一边放着轧(yà)药碾，一边放着轧(zhá)药刀。

（后面都念轧zhá）

轧药刀，亮堂堂，各种的草药他先尝。

先轧这牛黄和狗宝,后轧槟榔与麝香。

桃仁陪着杏仁睡,二仁躺在沉香床。

睡到了三更茭白夜,胆大的木贼跳经墙。

盗走了水银五十(一说三七)两,金毛狗儿叫汪汪。

有丁香他给鹿茸去送信,人参这才坐大堂。

佛手抄起甘草棍,棍棍(半夏)打在陈皮上。

打的这个陈皮流鲜血啊,鲜血甩在木瓜上。

大风丸,小风丸,胖大海啊滴溜圆,狗皮膏药贴风寒。

我有心接着药名往下唱,唱到了明天唱不完。

第五,拦门喜歌

在李家瑞的《谈嫁娶喜歌》中有如下记述。

"现在只讲男女两家关门的时候,外面叫门的人都要念诵喜歌。这种喜歌,叫做"拦门喜歌"。我们知道唐末五代就已有此种风俗了。在《敦煌缀琐》中辑[下女词]里:

1. 女家大门词

柏是南山柏,将来作门额;门额长时在,

女是夔来客。

2. 中门词

囙金作门扇,磨玉作门环; 却金钩鏮,排却紫檀关。

3. 至堆词

彼处并无砾,何故生此堆?不假用锹,旦郎玉琶堆。

……距此时期不久,这种喜歌就称为拦门诗赋了。《雨枕欹枕集》里的《花灯轿莲女成佛记》一篇说:"众人妆裹得锦上添花,请莲女上轿,抬到李宅门前歇了。司公茶酒传会,排列香案,时辰到了,司公念拦门诗赋,口中道:'脚下慢行,脚下慢行!请新人下轿。'遂念诗曰:'喜气盈门,欢声透户。珠帘绣幌低拦门,接次只好念新诗,红光射银台,画烛氤氲,香喷金猊,料此会前生姻眷,今日会佳期。喜得过门后,夫荣妇贵,永效于飞,生五男二女,女子永相随。衣子腰金加官转职,门户光辉。从今喜气后,成双尽老,福禄永齐眉。'"

此后因新人不见下轿,司公又念了一首。

但这种喜歌,都是作小说人的仿作的嫌疑;不过新人抬到门外,要念拦门喜歌,这是不能杜撰的。《儿女英雄传》第27回,新郎到新娘家门外,赞礼的傧相高声念道:

满路祥云彩雾开,紫袍玉带步金阶;

这回好个风流婿,马前唱道[状元来]。

这叫"拦门第一请",此后请新娘上轿,再念第二首:

天街夹道奏笙歌,两地欢声笑语和;

吩咐云端灵鹊鸟,今宵织女渡银河。

此为"拦门第二请",第三请则又请新娘降舆矣:

彩舆安稳护流苏,云淡风和月上初;

宝烛双辉前引道,一枝花影倩人扶。

此虽名为"拦门",然已失唐末叫门之意义,只以富贵荣华、夫容妻贵为辞也。北平打磨厂宝文堂刻本喜歌,名为"门帘歌",恐怕也是"拦门的"遗意,开头都是"一放门帘五彩新""一放门帘五尺长""打开门帘往里望"。现在在北平拦门的风俗还存在,但拦门喜歌不一定念了。"

拦门喜歌的历史源于唐末五代，可见喜歌的起源很早，有记录的见《敦煌缀琐》。念唱喜歌是现实的风俗，而不是小说家的杜撰。只不过小说中的喜歌更有文采罢了，现实市井社会的喜歌则远远没有小说中的那么丰富多彩。文章中的念喜歌者名"司公"。这"司公"的身份不明；想当时的"司公"，身份不会很低下；不知从何时演变成乞丐了。或许是由于朱元璋的缘故，一些乞丐的社会地位提升了。试想一下，门第高贵的人家办喜事，绝不会请乞丐来念喜歌。大户人家办婚丧嫁娶等红白喜事时，要向丐头借用"杆儿"，挂在自家的大门口，就不会有乞丐去干扰了。这"杆儿"是有酬金的。而一般小户人家办喜事，既要热闹还要省钱，"司公"这差事就自然地落在乞丐的身上了。

2. 喜歌的道具

据闻世惠《数来宝与穷家门》一文的记载，"根据《江湖丛谈》记载：凡是拿着竹板，且说且唱挨门挨户讨要的，拿着撒拉鸡（撒拉鸡的形状是二尺多长的两块窄竹板儿,上安铁钉,再安几个铜钹,左手执之,右手另拿一窄长如锯齿的竹板,穷家门管这种家伙叫三岔板)的乞丐和使渔鼓、简板、竹板的乞丐都是穷家门的人。……穷家门的乞丐在早年都供奉范丹,后来都供奉朱洪武,因为朱洪武幼年当过和尚、要过饭,用牛骨敲打,挨门讨要。……穷家门的人管那牛骨称为太平鼓,上有小铜铃十三个,亦为朱洪武即朱元璋所留。"

又据《北京民间生活彩图》第13图《三棒鼓图》,题辞曰:"此中国三棒鼓之图也。其人陕西省来京采差,手持木棒三根,下支一小鼓,其棒起落于鼓,连打带唱,挑钱作为盘费,非作艺江湖也。"

"三棒鼓"也是唱喜歌者的一种道具。

还有打"节子板"的(数来宝或者快板演唱中,五块小板行业内称为节子板)、也有打钱的、还有敲梆子的(榆木制的敲击器),弹琴拉二胡的;也有空口吟唱的。

3.喜歌的源流

念喜歌的多为行乞之人。他们在旧时被称之为"丐帮"。丐帮在宋代已经出现。在辖地上自成体系，南宋临安（杭州）就有"团头"，管理众乞丐。"丐帮"一词出现在明初。太祖把宋以来的堕民编入丐籍。"籍"不可以改变，丐户也不能改业，世代传承，子承父业。

原先的丐头不是从乞丐中来，而是由地方官府指定。丐头要听从官府的话，他的手下决不能给地方治安添乱。由于他们的社会地位低微，很容易被操纵。他们有时极有正义感。据说：1911年的广东黄花岗起义，七十二烈士的遗体被抛在城东门外咨议局前的荒地上，无人敢给收尸。后由同盟会员报人潘达微和一些乞丐冒生命危险，把烈士的遗骸埋在市郊沙河的红花岗。几年后潘达微回广州，不忘这些乞丐的义举，为此创办了《乞儿呼天报》，呼吁全社会更多的关爱这些生活在社会底层的乞丐。他还把乞丐的义举写成小说，在报纸上连载，以彰正义。有时乞丐也会被恶势力左右。据传袁世凯称帝之前，某些政客就利用乞丐组成请愿团，谎称民意，为袁世凯称帝造势。由此看来，乞丐也可以被恶势力操纵。由于他们是弱势群体，他们要生存，有时会依附某种社会势力。但更多的时候，他们要自我约束，靠他们自身在社会上生存。为此，他们有自己的帮规。如"十穷""八要""十戒"等。如果路上两个乞丐相遇，彼此要互相盘道，如甲会问乙："哪里的官？哪里的伴？端的什么碗？吃的什么饭？"如是门里人，就会回答："团里的官，杆上的伴，端的硬腿碗，吃的百家饭！"

民间旧时有"送财"的习俗。每年过年，乞丐不仅唱喜歌，也"送财"。在除夕，有卖财神爷画像的，还有乞丐挨门挨户"送财"，将财神画像硬性派送，不准还价，不准说不要。

每年各地有初一放爆竹的习俗。爆竹一响，乞丐们就跟着声响念唱："开大门，放大炮，财亦到，喜亦到"。"响亮响亮，人财两旺"。

喜歌也有喜婆唱的。这多在元宵节晚上"送灯"的时候唱。多是嫂子或婶子趁新娘不在家时，给她送到炕头上,用毛巾扎成娃娃样儿,并用新被围成圈,边围边唱:"正月里正月正,正月十五送花灯。灯儿亮灯儿明,照得媳妇要早生。生个小子叫莲灯儿,生个闺女叫莲姐儿。莲灯儿爹,莲灯儿娘,我是莲灯儿他大娘。"这里的莲灯,谐音取义"连着生丁"。

街头艺人在清代很普遍。有一曲鼓词《弦杖图》的开篇讲道:"百里辞家入帝都,风流乞丐走江湖。朝夕冷暖三弦伴,道路崎岖一杖扶。高歌南北名公曲,雅韵东西子弟书。谒华堂布衣也作朱门客,一生托戴贵人福。"这是希望有朝一日能遇着贵人,得以托付终身。

曲艺艺人鄙视说数来宝的,认为他们是要饭的。尽管他们的社会地位极为低贱,备受世人冷眼;但是喜歌作为一种文化现象,一种历史文化的存在,还是可以研究的。作为一种研究,对这一历史文化不应有什么高低贵贱之分。喜歌是在20世纪中期,随着新政权的建立而消亡的,但还能从曲艺说唱,尤其是在相声的表演中看到端倪。

4. 丧歌

说了"喜歌",再来说说"丧歌"。春节之期,乞丐要到各铺面儿去"念喜",此时正逢官府"封印";即使地面上出点儿乱子,官府里也没有人管。乞丐此时可以由着性来。碰到比较吝啬的铺户,他们先来软的,唱什么"一进门来拜善人,积善之家有福神,有喜神,有财神。两边栽着摇钱树,中间拜着聚宝盆,稀哩哗啦撒金银……"如果掌柜的给的钱少,他们就会念唱犯忌讳的歌词("丧歌")。比如:"鞭炮一响劈哩啪啦,四个掌柜死了仨,四掌柜的去抓药,伙计全得子午煞!火神爷当中把令发,一把天火败了家……"

传统相声《醋点灯》中对这种翻云覆雨的恶行就有鲜活的描述,其中尤其以相声演员李伯祥、杜国芝表演的这一版形象、生动,喜歌、丧歌都活生生地运用到《醋点灯》当中,以旧京穷人为了生计向面铺掌柜的讨要面粉包饺子为素材,把花儿乞丐的生活艺术化地表现出来。

李伯祥、杜国芝这一版《醋点灯》在中国大陆有视频录像资料，但是目前没有收录到各类出版的相声作品集中。故此，这里选用老相声演员张寿臣口述、张立林和田立禾整理的《吃饺子》文本（《醋点灯》另一版）来表现旧京这种风情。

甲：自然有主意。有我孩子玩的五六个小铁钱，手里一攥，到面铺门口一蹲，六点多钟开门了，他一下门板儿，我冲里边喊，念喜歌儿。

乙：怎么念的？

甲：噢！"子丑寅卯台阳开，卧龙岗上盖宝宅，协天大地当中坐，五路财神进宝来。一送金，二送银，三送摇钱树，四送聚宝盆。摇钱树拴金马，聚宝盆站银人，银人手托八个大字：'招财进宝，日进斗金'。大发财源掌柜的！"小钱儿往柜里一扔："买一万六千袋白面！"掌柜的一瞧是我："你扔进什么来了？""一万现洋，八捆金条，一百块钻石。"

乙：这不是穷疯了吗！哪儿找去？

甲：这么说吉祥，为好听，学徒的拿洋蜡还找哪。

乙：那哪儿找去，小铁钱儿。

甲：掌柜的说："你瞧昨儿个赊面不赊，今天早晨这儿撞柜来了，你说不给他面，他扔进这么些东西来。大早晨找麻烦！徒弟，快给他五斤面，甭写，回头我给钱。"

乙：您算抄上了。

甲：提了面，到家一进门："面来了！和面，咱们吃包饺子！"我媳妇和面，一边和面，一边说闲话："你是穷了心了，瞎了眼了，这面吃包饺子，我可没这手艺，没法儿包。"

乙：面黑呀？

甲：棒子面。

……

《燕京岁时记》也曾记此恶俗。

> 打竹板，迈大步，眼前就是杂货铺。
> 你这个掌柜真见鬼，烧酒里面掺凉水。
> 香烟茶叶长了毛，半盒火柴都划不着。
> 大秤买，小秤卖，说你多坏有多坏。
> 滑石粉往面里搁，说你缺德不缺德！
> 你不给，我不要，省写钱来去抓药，
> 要是吃药不见效，你可千万别上吊。

二 老北京的其他民谣

1. 打花罐

打花罐也叫"打水歌",是早期打水浇菜时的劳动号子,在京郊昌平等地非常流行。清末民初,打花罐是年轻人来昌平打工的一种时尚。打水人边打水,边唱歌。每唱一句之前,要先叫一下板,行话叫"嗑把"——辘轳把发出"呱嗒、呱嗒"的声响。打花罐是集体力、技术和艺术于一体的活儿,因此工钱比一般短工多很多。打花罐,可以一人独唱,也可二人对唱,多人合唱,还可以在井与井之间赛唱。过去,凡是有井水浇菜的园子,就有打花罐的歌声。其曲调比较灵活,歌词多是现场现编。

试举一例:打花罐,浇园子,我打耶头一罐哎!谁打二,我打二,娶不上媳妇打光棍呀哎!谁打三,我打三,出来那个打水挣工钱呀哎!要说四,就打四,黄瓜那个上架顶花带刺呀哎!说到五,就打五,蘑菇出来一呦身土哇哎……打花罐,四十九,东家那个晚饭还管四两酒呀哎……

随着生活方式的变迁,现在昌平只有少数老人还能唱一些比较短的打花罐歌。

2. 运河船工号子

运河船工号子指过去运河船工为统一劳动步调,增加劳动兴趣,提高劳动效率而创作的民歌品种。一般只有曲调,没有词。运河船工号子可以追溯到清道光年间。它以家庭、师徒、互学的方式传承至今。北京通州是京杭大运河北起点,鼎盛时期,运粮漕船首尾衔接十几里,船工号子此起彼伏,气势磅礴。通州运河船工号子种类众多,现已搜集整理出十种22首:起锚号、揽头冲船号、摇橹号、出仓号、立桅号、跑篷号、闯滩号、拉纤号、绞关号、闲号。其演唱形式除起锚号为齐唱外,其余均为一领众和。1943年,运河因大旱断流,运河船工这一行业随之消失。"通州运河船工号子"入选首批北京市非物质文化遗产名录。另外,北京永定河上,也曾有船工号子流行。

3. 夯歌

夯歌，指过去人们在盖房建墙打地基时所唱的劳动号子。打夯时，常常是五六人一组，随着拉夯起落的节奏，一人领唱前半句，余下众人合唱后半句。歌词往往是见事生情，随心所欲，即兴而作，节奏感很强。例如：

大伙儿打起来呀！哎嗨嗨呦哇！各个儿干劲高哇，哎嗨嗨呦哇！

夯歌在全国各地都有，曲调不尽相同。1958年，罗马尼亚部长会议主席斯托伊卡参观十三陵水库建设现场，被九个姑娘（一组）边打夯、边唱夯歌的情形所感染。水库建成后，斯托伊卡邀请这九位姑娘访问罗马尼亚，并在罗进行了夯歌示范表演。现在，在北京大兴、昌平、通州、顺义、平谷都还有人会唱夯歌。

4. 露八分

露八分又称漏八分，是在密云古北口镇流传着的一种久远的语言形式，据说源自明清时期，既可以在生活中使用，同时又是一种文字游戏。所谓"露八分"，就是把一个四字成语或短语隐去最后一个字,而那隐去的字才是真正想表达的意思,例如说"头",用"独占鳌",说"饭",用"粗茶淡"等。它可能起源于商贸、战争,外人只能破译其中八成意思,故称"漏八分"。后来成为人们茶余饭后的自娱自乐,成了一种诙谐语。

5. 喊棚

旧时婚礼,临时搭棚聚餐,在新人下轿、挂门帘、泼洗脸水、敬酒等每个程序中,司仪都要大声喊出合辙押韵的吉祥话,这在京郊被称为喊棚。高亢的呐喊、独特的韵律烘托婚礼的热闹。如:"鞭炮响,锣鼓喧,娶亲的喜轿到门前,新人下轿贵人搀。满院的贵客仔细观,新娘长得似天仙,郎才女貌拔了尖……""喊棚"讲究韵律,半喊半唱,有规定程序和常用词句,司仪也可现场即兴发挥。现在密云仍有艺人能表演传统喊棚。

6. 吟诵

吟诵即古代的读书法,是汉诗文的传统读法,中华传统读书法,古代教育最基本的学习和教学方法。吟诵发端于先秦，通过官、私教育系统，口传心授，流传至今。吟诵的关键是代代相传的读法规矩，即吟诵的方法。也就是跟着老师一首一首地学，辅以少量讲解，慢慢学习，而且吟诵方法和吟诵调是一起掌握的。它不仅是汉语诗文的诵读方式，也是汉语诗文的重要创作方式。吟诵具有极高的文化价值、艺术价值和学术价值，是一个巨大的文化遗产宝库。它既有全国统一的声韵规则，又有各地不同的风格特色。吟诵调是江苏常州市的地方传统音乐形式。2008年，"吟诵调"被列入第二批国家级非物质文化遗产名录。北京话吟诵在北方方言中具有一定的代表性。现在北京成立了吟诵研究机构和一些吟诵社团，不少有识之士正在开展调查整理工作。

7. 窑调

据李家瑞的《北平俗曲略》中讲：

窑调亦称窝娼调（见牌子曲耍婆家）。往时北平的下等妓院，没有正式的房屋，大都用土砖茅草，随便搭成，所以称窑称窝（其地在天桥东金鱼池）。此中所唱的调子，即称窑调，其词句多半是临时凑成。如女的唱有情的词句，则男的亦答之有情的词句；若女的唱无情的或瞒骂的，则男的亦必还之以更无情，更瞒骂。如此一对一答，必至酿成殴斗而后已，所以屡被官方禁止。然而现在四圣庙后营黄花苑等处的下等妓院，还有唱这种调子的。

李氏的书出版于1933年1月。正如上句所言，在此前，即1933年前，北平的一些下处仍有窑调在唱。由此可以推断，此后的一二十年间，窑调仍不会绝迹。

《霓裳续谱》中有一部分描写民间风俗的情歌，曲词比较适合优童口吻，用小生正旦小旦等角色独唱或对唱，当时由很多相姑（男扮女装的娼优）演唱这些艳情歌曲。王廷绍在序中言："京华为四方辐辏之区，凡玩意适观者，皆于是乎聚，曲部其一也。……其曲词或从诸传奇拆出，或撰自名公巨卿，逮诸骚客，下至衢巷之语，市井之谣，靡不毕具。"

金受申先生的《北京通》中《旧城积弊·

娼寮·土娼》（北京出版社，1999年）也有所记载："旧日土娼盛时各门皆有特别编制的'窑调'，嫖客争着喊唱，有时聚集多人比赛着唱，因之引起打群架。在清末陆军第一镇驻扎北苑，下晚的时候，各自坐在坟院树下大赛窑调，其高兴比在清吟小班天棚下听大鼓还觉着大，比赛不过，便解皮带打起交手仗来，几乎每天都是如此的。窑调有'九腔十八调''美国莲花落'，德胜门的窑调'十三咳'最难唱，当时城里关外的劳动界人，大半人人口唱窑调，'一朵梅花，一只红绣鞋'，到处可闻，尤其在城外旷野或河边，更为动听。十伞咳窑调，词意是劝好嫖的回头，闻之泪下，我虽抄记一份，但因有些过于猥亵不能发表。第一镇老总们唱窑调有名的，有'潭腿玉子''花鼓瑞子'（第一镇打洋鼓的乐兵）'麻福来''大有名''恩勋''国瑞''小辫祟'，都是脍炙人口的窑调名家，所以经人编出这样一个流口辙来。以外北城车辇店胡同，'小德子'（给女光棍票友佟莲舫撑腰的地痞），西城'臭豆腐连子',也是闻名下级社会的窑调老手。"

窑调没有一定的字句,一口气可以唱三四句,唯最末一句都要协韵。同治年间刻本《都门纪略》中有一诗咏窑调:"爱唱淫词窑调歌,街头信口任开河;错听疑是读家谱,或是出身履历多。"

这种曲调没有写定的本子,也没有人记载过,只佟赋敏先生在《新旧戏曲之研究》里说过几句:"北京前门外八埠在未光复以前,娼妓嫖客,彼此互歌,叫作窑调。"

举例《探清水河》:"桃叶尖上尖,柳野青满天,在其位的明公,细听我来言:此事出在京西蓝甸厂。蓝甸厂火器营,住着一个长青万字松老三,两口子卖大烟,一辈子无儿,所生一个女婵娟。女儿年长一十六岁,起了乳名,荷花万字叫大莲,俊俏好容颜……"

《探清水河》本是窑调中之一种,此时已经变成卖唱的歌曲了(故有"在其位的明公,细听我来言"句)。然而窑调的本色,还完全存在,如称姓松的为"长青万字",名"莲"的为"荷花万字";这种万字的隐语,只有妓院里通用。

参考文献

颜子德、王廷绍《霓裳续谱》，清乾隆六十年"集贤堂"初刻本，1795。

(清)敦崇《燕京岁时记》，北京古籍出版社，1967。

河野通一《支那谐谑语研究〔谐后语〕》燕尘社，1925。

中国大辞典编纂处《汉语词典》，商务印书馆，1957。

陈刚《北京方言词典》，商务印书馆，1985。

齐如山《北京土话》，北京燕山出版社，1991。

徐世荣《北京土语辞典》，北京出版社，1990。

金受申《北京通》,北京出版社,1999。

贾采珠《北京话儿化词典》,语文出版社,1990。

傅民、高艾军《北京话词汇》,北京大学出版社,1986。

陈文良《北京传统文化遍览》,燕山出版社,1990。

常人春《老北京的风俗》,燕山出版社,1996。

爱新觉罗·瀛生《老北京与满族》,学苑出版社,2008。

张次溪《人民首都的天桥》,中国曲艺出版社,1988。

弥松颐《京味儿夜话》,人民出版社,1999。

丁朗《金瓶梅与北京》,中国社会出版社,1996。

李家瑞《北平俗曲略》,中国曲艺出版社,1988。

《中国民间歌曲集成·北京卷》,中国ISBN

中心编，1994。

徐芳《北平的喜歌》，《歌谣》周刊第二卷十七期，北京大学研究院文科研究所歌谣研究会编，民国二十五年九月二十六日。

后 记

笔者是个地道的北京人,祖辈世居北京,从小在京城胡同里长大。我从20世纪50年代初记事时起,就一直居住在当时的宣武区和平门外西河沿148号,"文化大革命"后期因拆迁搬至离此不远的宣武区西琉璃厂前青厂胡同44号甲,直到我30岁成家后才离开那里,先后搬到朝阳区、东城区居住,但仍是住在京城胡同中。因此当"北京市民语言文化阅读书系"编委会向我约稿之时,我便想此书应以"余音回响"为题。

以北京话为中心的北方方言在几百年以前就已经成为汉民族共同语的基础,它在汉语的诸方言中具有极其重要的位置。自宋元之后,白话小说已开始不断抛弃文言成分和当时北方一些地区的方言词语,向北京话靠拢;到了《红楼梦》，曹雪芹用纯熟的北京口语来刻画人物，在语言运用上取得了很大突破。随着这部伟大文学作品的广泛流传，北京口语里的一些方言语汇逐渐为人们所熟悉，并陆续进入书面语言。20世纪20年代起，文学革命在新文化运动的推动下得以迅速展开，现代文学由此兴起，北京口语里方言语汇更常出现在各种文学作品中。直到现在，它已经成为书面语汇的一个重要组成部分，同时也在现代汉语普通话语汇中占据了相当的比重。故我在编写此书之时，力求能在文献资料中找到这些"回响"在我们老北京人耳边的俗语和民谣，使读者能对其有更深的了解。

本书在写作过程中承学生吴菲协助检索资料，商务印书馆马志伟先生认真审阅，北京市语委办公室主任贺宏志给予多方帮助，在此谨致衷心感谢。

冯 蒸

2017年12月30日